CONSTITUIÇÃO DE SOCIEDADES

POR QUOTAS E ANÓNIMAS

ABERTURA DE REPRESENTAÇÃO DE SOCIEDADE ESTRANGEIRA

GUIA PRÁTICO

JOSÉ MARIA MENDES
SOLICITADOR

CONSTITUIÇÃO DE SOCIEDADES

POR QUOTAS E ANÓNIMAS

ABERTURA DE REPRESENTAÇÃO DE SOCIEDADE ESTRANGEIRA

GUIA PRÁTICO

5.ª EDIÇÃO

ALMEDINA

CONSTITUIÇÃO DE SOCIEDADES
POR QUOTAS E ANÓNIMAS – GUIA PRÁTICO

AUTOR
JOSÉ MARIA MENDES

EDITOR
EDIÇÕES ALMEDINA, SA
Rua da Estrela, n.º 6
3000-161 Coimbra
Tel.: 239 851 904
Fax: 239 851 901
www.almedina.net
editora@almedina.net

EXECUÇÃO GRÁFICA
G.C. – GRÁFICA DE COIMBRA, LDA.
Palheira – Assafarge
3001-453 Coimbra
producao@graficadecoimbra.pt

Abril, 2005

DEPÓSITO LEGAL
226208/05

PREFÁCIO

Ao trazer a público um trabalho que é, afinal de contas, fruto do exercício árduo, empenhado e proficiente da solicitadoria, quis o Autor obsequiar-se com o privilégio de o conhecer antes de todos e conceder-me a oportunidade de aqui deixar algumas palavras.

Mais uma prova, de entre muitas, de uma amizade sólida e profícua, de que, reconhecidamente, muito tenho beneficiado.

Quem, uma vez só que fosse, se viu já envolvido na constituição de uma sociedade, teve ensejo de experimentar os escolhos do pesado calvário que é necessário percorrer para alcançar esse objectivo. E tudo — é bom que se diga — a preço de ouro, como se vivêssemos numa sociedade de abundância, necessitada de penalizar os que se atrevem a concretizar um projecto empresarial.

A lei chega, aliás, ao requinte de criar, no processo burocrático de constituição da sociedade, verdadeiros círculos viciosos, que só a astúcia ganha pela experiência da vida — bem mais do que o conhecimento do Direito — consegue vencer.

O episódio, devidamente evidenciado no texto, da imprescindibilidade da prévia obtenção do cartão de pessoa colectiva, como condição "sine qua non" da declaração do início de actividade, a qual, por sua vez, é indispensável à emissão daquele mesmo cartão, ilustra, de modo inexcedível, o que acabo de afirmar.

Pois bem, cura o Autor de facultar aos interessados um "Guia Prático" sobre a constituição das sociedades por quotas e anónimas, que arrola ordenada e sistematicamente os múltiplos passos a dar até ao registo definitivo do contrato social, oferecendo, em complemento, exemplos diversos de como é mister proceder.

Nisto reside a utilidade fundamental do trabalho: simplificar o que se teima em querer complicado: tornar acessível o que inexplicavelmente se mantém disperso e opaco.

Não se trata, portanto, de nenhuma investigação ou estudo sobre um qualquer tema de Direito; daí que não se revelem preocupações metodológicas, exegéticas nem dogmáticas que são características da Ciência Jurídica.

Mas é de assinalar a forma clara, segura e sintética da exposição em perfeita adequação aos fins em vista.

Entendeu o Autor restringir o seu trabalho ao domínio das sociedades por quotas e anónimas!

Sinceramente, penso que bem, tendo em consideração o objectivo que se propôs. Não tenho, com efeito, conhecimento de nos últimos anos se haver constituído em Portugal qualquer sociedade em nome colectivo ou em comandita nem prevejo que isso sequer venha a acontecer.

Ora de nada serve um "Guia Prático" de realidades que não existem!

Por outro lado, sabendo-se que o processo constitutivo de sociedade por quotas e anónimas prescinde da natureza do objecto social, havia que tratar a todas globalmente, sem cuidar de distinguir as sociedades comerciais das que o não são.

Assim foi feito, irrepreensivelmente.

Enfim, devidamente caracterizado, este trabalho reune os ingredientes bastantes para o tornar um instrumento valioso para quantos, inseridos ou não no exercício de profissões jurídicas, carecem de estar elucidados, com rigor, sobre todo um conjunto de procedimentos necessários e adequados à constituição de uma sociedade por quotas ou anónima em plena conformidade com a lei.

João Labareda

ABREVIATURAS UTILIZADAS

CC	— Código Comercial
CIRC	— Código do Imposto Sobre o Rendimento das Pessoas Colectivas
CMVM	— Comissão do Mercado de Valores Mobiliários
CN	— Código do Notariado
CRC	— Código do Registo Comercial
CSC	— Código das Sociedades Comerciais
DGCI	— Direcção Geral das Contribuições e Impostos
D.L.	— Decreto Lei
IVA	— Imposto sobre o Valor Acrescentado
PORT	— Portaria
RIS	— Regulamento do Imposto de Selo
Reg. CMVM	— Regulamento da Comissão de Mercado de Valores Mobiliários
TGIS	— Tabela Geral do Imposto de Selo

CONSTITUIÇÃO DE SOCIEDADES
GUIA PRÁTICO

CAPITULO I

SOCIEDADES POR QUOTAS

A principal característica das sociedades por quotas advem do facto de o seu capital estar dividido em quotas e os sócios serem solidariamente responsáveis apenas pelas entradas convencionadas no contrato social (Art. 197.º CSC).

— CONTRATO SOCIAL

O contrato de sociedade, também designado por contrato social, pacto social ou ainda estatutos, deverá, especificamente, conter os seguintes elementos (Art. 9.º e 199.º, CSC) **(Anexo 1A ou 1B)**:

— o nome ou a firma de todos os sócios fundadores
— o tipo de sociedade — por quotas
— a denominação da sociedade
— o objecto da sociedade
— a sede da sociedade
— a forma de obrigar a sociedade
— o montante da parte do capital realizada e da parte diferida, quando a realização for efectuada em dinheiro, ou a natureza dos bens de cada sócio, a descrição destes e a especificação dos respectivos valores, quando as entradas consistirem em bens diferentes de dinheiro.

Analisando alguns dos elementos do contrato, poderemos referir, sucintamente, que:

— **Denominação**

— Os elementos característicos das firmas das sociedades

não podem sugerir actividade diferente da que constitui o objecto social (Art. 10.º, 1, CSC);
— A firma da sociedade constituída por denominação particular ou por denominação e nome ou firma de sócio não pode ser idêntica à firma registada de outra sociedade, ou por tal forma semelhante que possa induzir em erro, e deve dar a conhecer quanto possível o objecto da sociedade (Art. 10.º, 3, CSC);
— Os vocábulos de uso corrente e os topónimos, bem como qualquer indicação de proveniência geográfica, não são considerados de uso exclusivo (Art. 10.º, 4, CSC).
— A denominação concluirá pela palavra "Limitada" ou pela abreviatura "Ldª" (Art. 200.º, 1, CSC).

— Objecto

— A indicação do objecto da sociedade deve ser correctamente redigida em língua portuguesa (Art. 11.º, 1, CSC);
— Como objecto da sociedade devem ser indicadas no contrato as actividades que os sócios propõem que a sociedade venha a exercer (Art. 11.º, 2, CSC).

— Sede

— Deve definir-se o local concreto da sede (12, 1, CSC);
— O contrato pode conferir poderes à gerência para deslocar a sede dentro do mesmo concelho ou para concelho limítrofe (Art. 12.º, 2, CSC).

— Número de Sócios

— A sociedade por quotas não pode ser constituída por número de sócios inferior a dois (Art. 7.º, 2, CSC). No entanto, pode manter-se apenas com um sócio por período não superior a um ano (Art. 142.º, 1, a), CSC).
Pode, porém, uma sociedade constituir, através de escritura por ela outorgada, uma sociedade por quotas de que seja inicialmente a única titular, situação que constitui o "domínio total inicial" (Art. 488.º, 1, CSC).

— Sócio Estrangeiro

— Podem fazer parte da sociedade sócios de qualquer nacionalidade.
— Quando da sociedade faça parte sócio de nacionalidade não portuguesa, torna-se necessária a obtenção de documentos com determinadas características, aos quais nos referiremos adiante — ver ***"Sócio-Sociedade Estrangeira"***.

— Capital

— O capital social não pode ser inferior a 5000 euros (Art. 201.º, CSC);
— O valor mínimo de cada quota é de 100 euros (Art. 219.º, 3, CSC).
— Pode ser diferida a efectivação de metade das entradas em dinheiro. No entanto, a soma das entradas a realizar em dinheiro, conjuntamente com as entradas em espécie, deverá perfazer o mínimo fixado por lei para o capital social — 5.000 euros (Art. 202.º, 2, CSC);
— As entradas dos sócios podem consistir em bens diferentes de dinheiro (as chamadas **"entradas em espécie"**) (Art. 9.º, 1, h), CSC);
— Se as entradas consistirem em bens diferentes de dinheiro, tais bens devem ser objecto de um relatório elaborado por um revisor oficial de contas, que não tenha interesses na sociedade, relatório esse que deverá, pelo menos, descrever e avaliar os bens, indicando os critérios utilizados para essa avaliação, identificar os respectivos titulares, e declarar se os valores encontrados atingem ou não o valor nominal da parte, quotas ou acções atribuídas aos sócios que efectuarem tais entradas (Art. 28.º, CSC);
— A soma das entradas em dinheiro já realizadas deve ser depositada em instituição de crédito, antes da celebração da escritura, em conta aberta em nome da sociedade, devendo ser exibido no acto da mesma escritura o comprovativo de tal depósito — Ver ***"Guia de Depósito"*** (Art. 202.º, 3, CSC);
— O depósito exigido pelo número anterior pode ainda ser comprovado por declaração dos sócios, prestada sob sua responsabilidade (Art. 202.º, 4 CSC);

— Da conta aberta em nome da sociedade só poderão ser efectuados levantamentos (Art. 202.º, 5, CSC):
a) Depois de o contrato estar definitivamente registado;
b) Depois de outorgada a escritura, caso os sócios autorizem os gerentes a efectuá-los para fins determinados;
c) Para liquidação provocada pela inexistência ou nulidade do contrato ou pela falta de registo.

— Gerência

— A sociedade por quotas é administrada e representada por um ou mais gerentes, sócios ou não, que devem ser pessoas singulares com capacidade jurídica plena (Art. 252.º, 1, CSC);
— Os gerentes são designados no contrato social **(Anexo 1A ou 1B)** ou eleitos, posteriormente, por deliberação dos sócios, se não estiver prevista no contrato outra forma de designação **(Anexo 2)** (Art. 252.º, 2, CSC);
— Os gerentes têm direito a uma remuneração, a fixar pelos sócios, salvo disposição do contrato de sociedade em contrário (Art. 255.º, 1, CSC);
— Salvo cláusula expressa do contrato de sociedade, a remuneração dos gerentes não pode consistir, total ou parcialmente, em participação nos lucros da sociedade (Art. 255.º, 3, CSC).

— Forma de obrigar a sociedade

— Deve ser estabelecido no contrato o regime que mais convenha ao funcionamento da gerência, isto é, quais e quantas as assinaturas necessárias para vincular a sociedade.
— Assim, por exemplo, o contrato poderá estipular que a sociedade fique obrigada com a assinatura de um, de dois ou de mais gerentes e especificar, ainda, que uma delas deva ser sempre a de determinado gerente — **(Anexos 1A ou 1B)**.

— Fiscalização

— O contrato pode determinar que a sociedade tenha um Conselho Fiscal, que se rege pelo disposto, a esse respeito, para as sociedades anónimas (Art. 262.º, 1, CSC).

— As sociedades que não tiverem Conselho Fiscal devem designar um revisor oficial de contas para proceder à revisão legal, desde que, durante dois anos consecutivos, sejam ultrapassados dois dos três seguintes limites:

a) Total do balanço — 1.500.000 euros;

b) Total das vendas líquidas e outros proveitos — 3.000.000 euros;

c) Número dos trabalhadores empregados, em média, durante o exercício — 50 (Art. 262.º, 2, CSC).

NOTA — Ver título "Conselho Fiscal" no capitulo sociedades anónimas.

— Lucros

— Salvo diferente cláusula contratual ou deliberação tomada por maioria de três quartos dos votos correspondentes ao capital social, em assembleia geral para o efeito convocada, não poderá deixar de ser distribuído aos sócios metade do lucro do exercício (Art. 217.º, 1, CSC);

— Se, pelo contrato da sociedade, os gerentes ou fiscais tiverem direito a uma participação nos lucros, esta só poderá ser paga depois de postos a pagamento os lucros dos sócios (Art. 217.º, 3, CSC) — Ver **"Gerência"**.

— SOCIEDADES UNIPESSOAIS

Este tipo de sociedades foi introduzido no Código das Sociedades Comerciais pelo D.L. n.º 257/96, de 31/12. Mais tarde, o D.L. n.º 36/2000, de 14/03, veio, por sua vez, alterar alguns dos artigos que regem a sua constituição.

Com a publicação de tal diploma passou a ser dispensada a celebração de escritura tanto na constituição como na transformação de sociedade por quotas em sociedade unipessoal, nos casos em que as entradas de capital forem apenas realizadas em dinheiro ou quando da sociedade transformada não façam parte bens para cuja transmissão seja necessária a referida forma.

— Constituição

— A sociedade unipessoal por quotas é constituída por um

único sócio, pessoa singular ou colectiva, que é o titular da totalidade do capital social (Art. 270.º-A, 1, CSC).

— A sociedade unipessoal por quotas pode resultar da concentração na titularidade de um único sócio das quotas de uma sociedade por quotas, independentemente da causa da concentração (Art. 270.º-A, 2, CSC).

— A transformação prevista no número anterior efectua-se mediante declaração do sócio único da sua vontade de transformar a sociedade em sociedade unipessoal por quotas, a qual deve constar (Art. 270.º-A, 3, CSC):

a) Da própria escritura de cessão de quotas por força da qual passe a ser o titular da totalidade do capital social;

b) De escritura autónoma, sendo, no entanto, suficiente documento particular se da sociedade não fizerem parte bens para cuja transmissão seja necessária a referida forma solene.

— A constituição originária da sociedade unipessoal por quotas deve ser celebrada por escritura pública, sendo suficiente documento particular se não forem efectuadas entradas em bens diferentes de dinheiro para cuja transmissão seja necessária aquela forma (Art. 270.º-A, 4, CSC).

— Por força da transformação prevista no n.º 3 deixam de ser aplicáveis todas as disposições do contrato de sociedade que pressuponham a pluralidade de sócios (Art. 270.º-A, 5, CSC).

— O estabelecimento individual de responsabilidade limitada pode, a todo o tempo, transformar-se em sociedade unipessoal por quotas, mediante escritura pública, salvo se do seu património não fizerem parte bens para cuja transmissão seja necessária aquela forma, caso em que é suficiente documento particular (Art. 270.º-A, 6, CSC).

— As transformações previstas nos n.ºs 3 e 6 do presente artigo, que sejam tituladas por documento particular, bem como a constituição originária da sociedade unipessoal por quotas por documento da mesma natureza, nos casos em que esta forma é considerada suficiente, não produzem quaisquer efeitos antes de efectuado o registo e respectiva publicação.

— Firma

— A firma destas sociedades deve ser formada pela expressão "sociedade unipessoal" ou pela palavra "unipessoal" antes da palavra "Limitada" ou da abreviatura "Ld.ª" (Art. 270.º-B, CSC).

— Efeitos da unipessoalidade

— Uma pessoa singular só pode ser sócia de uma única sociedade unipessoal por quotas (Art. 270.º-C, 1, CSC).
— Uma sociedade por quotas não pode ter como sócio único uma sociedade unipessoal por quotas (Art. 270.º-C, 2, CSC).
— No caso de violação das disposições dos números anteriores qualquer interessado pode requerer a dissolução das sociedades (Art. 270.º-C, 3, CSC).
— O tribunal pode conceder um prazo até seis meses para a regularização da situação (Art. 270.º-C, 4, CSC).

— Pluralidade de sócios

— O sócio único de uma sociedade unipessoal por quotas pode modificar esta sociedade em sociedade por quotas plural através de divisão e cessão da quota ou de aumento de capital social por entrada de um novo sócio, devendo, neste caso, ser eliminada da firma a expressão "sociedade unipessoal", ou a palavra "unipessoal", que nela se contenha (Art. 270.º-D, 1, CSC).
— A escritura de divisão e cessão de quota ou de aumento de capital é título bastante para registo da modificação (Art. 270.º-D, 2, CSC).
— Se a sociedade tiver adoptado antes o tipo de sociedade por quotas, passará a reger-se pelas disposições do contrato de sociedade que, nos termos do n.º 4 do artigo 270.º-A, lhe eram inaplicáveis em consequência da unipessoalidade (Art. 270.º-D, 3, CSC).
— No caso de concentração previsto no n.º 2 do artigo 270.º-A, o sócio único pode evitar a unipessoalidade se, no prazo legal, restabelecer a pluralidade dos sócios (Art. 270.º-D, 4, CSC).

— Decisões dos sócios

— Nas sociedades unipessoais por quotas o sócio único exerce as competências das assembleias gerais, podendo, designadamente, nomear gerentes (Art. 270.º-E, 1, CSC).
— As decisões do sócio de natureza igual às deliberações da assembleia geral devem ser registadas em acta por ele assinada (Art. 270.º-E, 2, CSC) (**Anexo 3**).

— Contrato do sócio com a sociedade unipessoal

— Os negócios jurídicos celebrados entre o sócio único e a sociedade devem servir a prossecussão do objecto da sociedade e a respectiva autorização tem de constar da escritura de constituição da sociedade ou da escritura de alteração do contrato de sociedade ou da de aumento do capital social (Art. 270.º-F, 1, CSC).
— Os negócios jurídicos entre o sócio único e a sociedade obedecem à forma legalmente prescrita e, em todos os casos, devem observar a forma escrita (Art. 270.º-F, 2, CSC).
— Os documentos de que constam os negócios jurídicos celebrados pelo sócio único e a sociedade devem ser patenteados conjuntamente com o relatório de gestão e os documentos de prestação de contas: qualquer interessado pode, a todo o tempo, consultá-los na sede da sociedade (Art. 270.º-F, 3, CSC).
— A violação do disposto nos números anteriores implica a nulidade dos negócios jurídicos celebrados e responsabiliza ilimitadamente o sócio (Art. 270.º-F, 4, CSC).

— Disposições subsidiárias

— Às sociedades unipessoais por quotas aplicam-se as normas que regulam as sociedades por quotas, salvo as que pressupõem a pluralidade de sócios (Art. 270.º-G, CSC).

— INSPECÇÃO DO TRABALHO I

— As sociedades deverão comunicar às correspondentes delegações ou subdelegações da Inspecção do Trabalho, em cuja área tenham sede ou estabelecimento, **antes do início da actividade**, a denominação, ramos de actividade ou objecto social, endereço da sede e locais de trabalho, indicação do Diário da República em que haja sido publicado o respectivo pacto social, estatuto ou acto constitutivo, identificação e domicílio dos respectivos gerentes, administradores, directores ou membros do orgão gestor e o número de trabalhadores ao serviço (D.L. 491/85, de 26/11, art. 7.º).

— REGISTO PRÉVIO DO CONTRATO

Tem, ao que sabemos, pouca aplicação, o artigo 18.º do Código das Sociedades Comerciais, que permite o registo prévio do contrato na Conservatória do Registo Comercial.

No entanto, não deixamos de referir essa possibilidade, resumindo o mencionado preceito.

1 — Quando não tenham sido convencionadas entradas em espécie ou aquisições de bens pela sociedade, podem os interessados na constituição da sociedade, requerer na Conservatória do Registo Comercial competente o registo prévio do contrato juntamente com um projecto completo do contrato de sociedade.

2 — Nesse caso, deverá a escritura pública ser lavrada nos precisos termos do projecto previamente registado, caso não haja motivo legal para recusa.

3 — No prazo de quinze dias a contar da data da escritura, o Notário deverá enviar ao Conservador certidão da mesma para conversão do registo em definitivo.

4 — O registo prévio não é aplicável à constituição das sociedades anónimas, quando efectuada com apelo à subscrição pública.

5 — No caso de os interessados não terem adoptado o processo permitido pelos números 1 a 3, o contrato da sociedade, depois de celebrado na forma legal, deve ser inscrito no registo comercial, nos termos da lei respectiva.

Passamos, agora, à descrição das etapas necessárias à constituição de uma sociedade por quotas, bem como dos correspondentes documentos.

— CERTIFICADO DE ADMISSIBILIDADE DE FIRMA OU DENOMINAÇÃO

Definidos os parâmetros da sociedade a constituir, designadamente a sua denominação, o objecto e o local da sede, há que promover a obtenção do certificado em referência, o que se faz através do impresso Mod. 11 do Registo Nacional de Pessoas Colectivas (**Anexo 4**).

O pedido deverá ser preenchido em nome de qualquer um dos sócios que vão fazer parte da sociedade, podendo ser subscrito pelo mesmo, por advogado ou por solicitador.

O Certificado de Admissibilidade de Firma ou Denominação constitui um dos documentos essenciais à celebração da escritura de constituição da sociedade.

— CARTÃO PROVISÓRIO DE IDENTIFICAÇAO DE SOCIEDADE

Com a apresentação do pedido de Certificado de Admissibilidade de Firma ou Denominação, é aconselhável promover o pedido de Cartão Provisório de Identificação, necessário, designadamente, para fazer-se a inscrição da sociedade na Repartição de Finanças e proceder-se ao pagamento do imposto de selo devido pelos livros da sociedade, se estes actos ocorrerem antes de recebido o cartão definitivo (**Anexo 5**).

— REPARTIÇÃO DE FINANÇAS

Para efeitos do disposto nos artigos 109.º e 110.º do CIRC, haverá que inscrever a sociedade na Repartição de Finanças da área em que se situa a sua sede, mediante a entrega, na mesma Repartição, da Declaração de Início de Actividade (**Anexo 17**), no prazo de 90 dias a partir da data de inscrição no Registo Nacional de Pessoas Colectivas, mas sempre antes do início da actividade.

NOTA — Parece-nos do maior interesse inserir aqui o ofício n.º 20040/2001, de 14/03, da Direcção dos Serviços do IRC, da

DGCI, que entende que o prazo de 90 dias, estabelecido para a apresentação da declaração no registo, deve ser contado a partir da data da emissão do cartão provisório.

Quanto a nós, esta interpretação não parece a mais correcta. Com efeito, além de outros inconvenientes, ignora uma situação que se repete com frequência: o pedido de certificado e do respectivo cartão provisório não é sinónimo de constituição da sociedade. Muitas vezes a intenção de constituir uma sociedade fica-se pela obtenção desses documentos que, como sabemos, são válidos por 6 meses.

Se a sociedade não vier a constituir-se o que acontece à inscrição nas Finanças?

"À Direcção de Serviços do IRC têm sido colocadas dúvidas sobre a forma de contagem do prazo de entrega da declaração de início de actividade a que se refere o n.º 1 do artigo 95.º. O do Código do IRC.

Procurando esclarecer as mesmas e uniformizar procedimentos, divulgasse o seguinte entendimento, sancionando por despacho do Exm.º Director-Geral, de 2001/03/06:

1. A emissão do cartão provisório de Pessoa Colectiva implica uma inscrição no Ficheiro Central de Pessoas Colectivas, tal como está definido no regime jurídico do Registo Nacional de Pessoas Colectivas, aprovado pelo Decreto-Lei 129/98, de 13 de Maio;

2. O referido cartão provisório permite à entidade sua detentora o exercício da actividade para a qual foi constituída, pelo que o prazo estabelecido n.º 1 do art. 95.° do CIRC deve ser contado a partir da data de emissão do cartão, por esta corresponder a um registo efectivo no Ficheiro Central de Pessoas Colectivas, ainda que com carácter provisório;

3. Uma vez obtido o NIPC provisório, a entidade deverá apresentar a declaração de inscrição no registo no prazo de 90 dias após a emissão do mesmo, não sendo relevante para estes efeitos, a outorga da escritura de constituição;

4. Caso o início de actividade ocorra antes do fim deste prazo, considera-se que a declaração de início para efeitos de IVA, a que se refere o artigo 30.° do respectivo Código, é, nos termos do n.º 2 do artigo 95.° do Código do IRC, também a declaração de inscrição no registo de sujeitos passivos deste imposto;

5. Os prazos a que se referem os números anteriores deverão igualmente ser observados quando a declaração de inscrição deva ser feita pela via verbal prevista no artigo 95.º-A do Código do IRC".

— Por força do disposto no art. 9.º do Dec.-Lei n.º 463/79, de 30/11, os administradores ou gerentes de uma sociedade, ainda que residam noutro país e não aufiram rendimentos pelo exercício do cargo, deverão, na qualidade de representantes legais, possuir número de identificação fiscal.

Nessa qualidade, deverão assinar a declaração de rendimentos da sociedade, nos termos do disposto do n.º 4 do artigo 109.º do CIRC.

— CONTRATO

É o principal dos documentos indispensáveis à celebração da escritura de constituição da sociedade e deve conter, necessariamente, os elementos referidos em **"Contrato Social" (Anexo 1A ou 1B)**.

No caso de o contrato de sociedade constituir documento extenso, é aconselhável e usual elaborá-lo nos termos do Art. 64.º, 2, do Código do Notariado, ficando, neste caso, a constituir documento anexo à escritura de constituição **(Anexo 1B)**.

— GUIA DE DEPÓSITO

Quando a realização do capital seja efectuada mediante entradas em dinheiro, o montante dessa realização deve ser depositado em qualquer banco, ou instituição de crédito autorizada a receber depósitos do público e que possuam fundos próprios não inferiores a 3,5 milhões de contos (Portaria 228/92, de 25/7), mediante guia de depósito **(Anexo 6)**.

No entanto, a comprovação do depósito pode também ser feita por declaração dos sócios — Ver **"Capital"**.

— RELATÓRIO DO ROC

Consistindo a realização do capital em bens diferentes de dinheiro, a descrição desses bens deverá constar do contrato social **(Anexo 1A)**, ou da escritura de constitução, e deverá ser acompanhada de relatório de Revisor Oficial de Contas.

— MODO DE REPRESENTAÇÃO

— Sócio Individual

O sócio pode intervir na escritura de constituição da sociedade, directamente ou mediante procurador **(Anexo 6)**.

— Sócio-Sociedade

Sendo sócio uma sociedade, a representação desta faz-se, normalmente, através de acta do Conselho de Administração, se for anónima, ou de acta da Assembleia Geral, tratando-se de sociedade por quotas, ou ainda, em qualquer dos casos, através de procuração **(Anexos 8, 9 e 10)**.

Quando a representação seja feita através de acta, torna-se necessária a apresentação de certidão, relativa à sociedade-sócia, emitida pela Conservatória do Registo Comercial respectiva, comprovativa de todas as inscrições em vigor, sendo certo, porém, que alguns Notários exigem tal certidão ainda que a representação se faça por procuração.

— Sócio-Sociedade estrangeira

Sendo o sócio, uma sociedade estrangeira, serão necessários documentos equivalentes aos enumerados anteriormente, e respectiva tradução, isto é:

- — acta da Assembleia Geral ou do Conselho de Administração ou procuração **(Anexo 11)**.
- — documento equivalente à certidão da Conservatória do Registo Comercial **(Anexo 12)**.

Tais documentos deverão ser legalizados no Consulado português do país onde se situa a sede da sociedade.

Os documentos escritos em língua estrangeira devem ser acompanhados da tradução correspondente, a qual pode ser feita por Notário português, pelo Consulado português no país onde o documento foi passado, pelo Consulado desse país em Portugal, ou ainda por tradutor idóneo que, sob juramento ou compromisso de honra, afirme, perante o Notário, ser fiel a tradução (Art. 60.º, CN).

Insere-se, em anexo, um modelo de certificado de tradução feita nas condições referidas no final do parágrafo anterior, por ser o meio mais usual de obter a tradução de documentos **(Anexo 13)**.

NOTA — De acordo com o D.L. n.º 237/2001, de 30/08, as câmaras de comércio e indústria, reconhecidas nos termos do D.L. n.º 244/ /92, de 29/10, os advogados e solicitadores podem certificar, ou fazer e certificar, traduções de documentos.

— ESCRITURA

Na posse de todos os documentos que acabam de descrever-se e que, de novo, se enunciam conjuntamente com os necessários elementos de identificação dos intervenientes, o Notário celebrará a escritura de constituição da Sociedade **(Anexo 15)**:

— **Certificado de Admissibilidade de Firma ou Denominação;**
— **Pacto Social;**
— **Relatório do ROC**, se as entradas de capital consistirem em bens diferentes de dinheiro;
— **Guia de Depósito**, se a houver;
— **Identificação dos intervenientes na escritura** (nome, estado, naturalidade, morada, número fiscal de contribuinte e número e data de emissão do respectivo bilhete de identidade);
— **Procuração**, quando algum dos sócios for representado por essa forma;
— **Certidão notarial da acta do Conselho de Administração**, quando o sócio for uma sociedade anónima, **ou da Assembleia Geral**, quando o mesmo sócio for uma sociedade por quotas. Em qualquer dos casos, pode a representação ser feita, também, por **procuração** — ver **"Modo de Representação"**.

— **Certidão da Conservatória do Registo Comercial**, com o teor da matrícula e de todas as inscrições em vigor, quando o sócio for uma sociedade, ou certificado emitido pelo secretário, quando este existir **(Anexo 14)**;
— **Acta ou procuração e certidão** (equivalente à certidão da Conservatória do Registo Comercial) emitida pela entidade competente, (legalizadas e traduzidas), quando o sócio for uma sociedade estrangeira.

— REGISTOS, INSCRIÇÕES E COMUNICAÇÕES

Feita a escritura, haverá que proceder aos necessários registos, inscrições e participações, como se indica:

— INSPECÇÃO GERAL DE FINANÇAS

Tratando-se de sociedade gestora de participações sociais, os conservadores do registo comercial comunicarão à Inspecção-Geral de Finanças, com remessa dos textos registados, a constituição de SGPS e as alterações dos respectivos contratos, no prazo de 30 dias contado a partir do registo, ainda que provisório. — Ver **"Capítulo III — Sociedades Gestoras de Participações Sociais"**.

— INSPECÇÃO DO TRABALHO II

Antes do início da actividade, deverá proceder-se à comunicação prevista no art. 7.º do Dec.-Lei n.º 491/85 **(Anexo 16)** — Ver **Inspecção do Trabalho I**.

— CONSERVATÓRIA DO REGISTO COMERCIAL

Após a celebração da escritura de constituição, proceder-se-à ao seu registo na Conservatória do Registo Comercial da área da sede da sociedade (Art. 3.º, *a*), CRC) **(Anexo 18)**.

Se os gerentes foram designados no contrato, os mesmos ficam automaticamente registados, com o registo deste.

Se a gerência da sociedade foi eleita em Assembleia Geral, deverá requerer-se, em separado, o registo dessa eleição **(Anexo 18)**.

— Documentos

— São os seguintes os documentos necessários:

a) **Certidão da escritura de constituição**
b) **Certificado de Admissibilidade de Firma ou Denominação**
c) **Duplicado da declaração de início de actividade.**

NOTA — Os documentos assinalados em b) e c) são devolvidos pela Conservatória.

— Tem-se constatado que algumas Conservatórias deixaram de exigir a apresentação do duplicado da declaração de início de actividade, continuando outras com essa prática...
Mais um exemplo das incongruências com que cada um de nós esbarra a cada passo!

d) **Certidão notarial da respectiva acta**, no caso dos gerentes serem eleitos em Assembleia Geral **(Anexo 2)**.

O pedido de registo deverá ser apresentado no prazo de três meses a contar da data da celebração da escritura (**Art. 15.º, CRC**).

— REGISTO NACIONAL DE PESSOAS COLECTIVAS

A constituição das sociedades está sujeita a inscrição no ficheiro central de pessoas colectivas (Art. 6.º, D.L. 129/98, de 13/5).

A inscrição é feita oficiosamente, mediante comunicação da competente Conservatória do Registo Comercial.

— CADASTRO COMERCIAL

A abertura de estabelecimentos comerciais, nos quais sejam exercidas actividades de comércio por grosso ou a retalho (D.L. 339/85, 21/8), está sujeita a inscrição (Art. 4.º, *a*), D.L. 462/99).

Tal inscrição é efectuada mediante pedido do interessado, apresentado na Direcção Geral do Comércio Interno, no prazo de 30 dias a contar da data da abertura do estabelecimento, em impresso próprio dessa mesma Direcção Geral (**Anexo 19**).

— CADASTRO INDUSTRIAL

Ver igual rubrica no capítulo das Sociedades Anónimas.

— SEGURANÇA SOCIAL

No prazo de 30 dias a contar da data do início da actividade deverá proceder-se à inscrição, através de impresso próprio (Boletim de Identificação de Contribuinte) (**Anexo 20**), no Centro Regional de Segurança Social da área da sede.

— CARTAO DE IDENTIFICAÇÃO

A cada entidade inscrita no Ficheiro Central de Pessoas Colectivas é atribuído um número de identificação próprio, designado número de identificação de pessoa colectiva (NIPC) (Art. 13.º, D.L. n.º 129/98, de 13/5).

Foram já mencionadas a possibilidade e a conveniência de obter-se o cartão provisório, conjuntamente com a apresentação do pedido de Certificado de Admissibilidade de Firma ou Denominação.

De facto, entre a data da constituição da sociedade e a emissão do cartão de identificação definitivo, pode medear um certo espaço de tempo, durante o qual terá que utilizar-se o cartão provisório.

— PUBLICAÇÕES OBRIGATÓRIAS

— É obrigatória a publicação do contrato e da nomeação dos gerentes (Art. 70.º, 1 a) CRC).

— Tais publicações devem ser feitas no Diário da República e num jornal da localidade da sede da sociedade ou da região respectiva, escolhido pelo interessado no momento da apresentação dos documentos para registo na Conservatória do Registo Comercial.

— **A publicação é promovida pelo Conservador, no prazo de 30 dias a contar da data da efectivação do registo, e a expensas dos interessados (Art. 71.º, 1, CRC).**

— **Publicações:**

O pagamento da publicação no Diário da República é feito na Conservatória do Registo Comercial, conjuntamente com o pagamento dos respectivos registos. A outra publicação é paga directamente pelo interessado ao jornal por si escolhido. Esta escolha é feita no momento da entrega dos documentos na mesma Conservatória, como já se referiu.

— LIVROS OBRIGATÓRIOS

— As sociedades por quotas devem possuir os seguintes livros:

a) Actas
b) Diário
c) Razão
d) Inventário e Balanços
e) Copiador.

— São dois os livros de actas necessários, destinando-se um a inserir as actas das assembleias dos sócios e o segundo às actas das reuniões da gerência.

— Os restantes livros são os necessários à contabilidade da sociedade.

— Todos os livros deverão ser apresentados na Repartição de Finanças da área da sede da sociedade, após feita a sua inscrição, com vista ao pagamento do respectivo imposto de selo (Arts. 130.º, RIS, e 114.º, TGIS), acompanhados do Cartão de Identificação (provisório ou definitivo).

— Os livros "Diário" e "Inventário e Balanço" e o livro de "Actas da Assembleia Geral" deverão ainda ser apresentados na Conservatória do Registo Comercial em que a sociedade foi matriculada, para legalização (Art. 32.º, CC e 112.º-A, CRC).

— Os livros de inventário e balanços, diário e das actas da assembleia geral das sociedades podem ser constituídos por folhas soltas (Art. 31.º, 2, CC).

— As folhas soltas, em conjunto de 60, devem ser numeradas sequencialmente e rubricadas pela gerência ou pela administração, que também lavram os termos de abertura e de encerramento e requerem a respectiva legalização (Art. 31.º, 3, CC).

— NOTÁRIO

A prova documental da qualidade de representante de pessoa colectiva sujeita a registo e da suficiência dos seus poderes faz-se por certidão do registo comercial, válida por um ano.

O reconhecimento de assinaturas é feito por semelhança com a mençao especial relativa à qualidade de representante do signatário feito por simples confronto da assinatura deste com a assinatura aposta no bilhete de identidade ou documento equivalente.

A partir das alterações introduzidas pelo D.L. n.º 237/2001, de 30/8, as câmaras de comércio e indústria, reconhecidas nos termos do D.L. n.º 244/92, de 29/10, os advogados e os solicitadores podem fazer reconhecimentos com menções especiais, por semelhança, nos termos previstos no Código do Notariado.

A certidão comercial obtem-se junto da Conservatória do Registo Comercial competente, através de impresso próprio **(Anexo 21)**.

CAPÍTULO II

SOCIEDADES ANÓNIMAS

Nas sociedades anónimas o capital é dividido em acções e cada sócio limita a sua responsabilidade ao valor das acções que subscreveu (Art. 271.º, CSC).

Antes de passarmos à descrição das diversas etapas e dos documentos necessários à constituição de uma sociedade anónima, entendemos ser útil fazer referência às normas legais que regulam a matéria, designadamente, as contidas no Código das Sociedades Comerciais.

Assim:

— CONTRATO SOCIAL

— O contrato de sociedade, também designado por contrato social ou pacto social, como já se referiu, deverá, especificamente, conter (Art.^{os} 9.º e 272.º, CSC):

- — o nome de todos os sócios fundadores;
- — o tipo de sociedade — anónima;
- — a denominação da sociedade;
- — o objecto da sociedade;
- — a sede da sociedade;
- — a forma de obrigar a sociedade;
- — o capital social;
- — o montante do capital realizado e os prazos de realização do capital subscrito e não realizado, quando a realização for efectuada em dinheiro. Consistindo a entrada em bens diferentes de dinheiro, a descrição destes e a especificação dos respectivos valores;
- — o valor nominal e o número de acções;

— as condições particulares, se as houver, a que fica sujeita a transmissão das acções;
— as categorias de acções que porventura sejam criadas, com indicação expressa do número de acções e dos direitos atribuídos a cada categoria;
— se as acções são nominativas ou ao portador e as regras para a sua eventual conversão;
— a autorização, se for dada, para a emissão de obrigações;
— a estrutura adoptada para a administração, fiscalização (e mesa da assembleia geral) da sociedade;
— quando o exercício anual for diferente do ano civil, a data do respectivo encerramento, a qual deve coincidir com o último dia de um mês de calendário, sem prejuízo do previsto no artigo 7.º do Código do Imposto sobre o Rendimento das Pessoas Colectivas.

Passemos à análise de cada um dos componentes do contrato:

— DENOMINAÇÃO, OBJECTO, SEDE E FORMA DE OBRIGAR A SOCIEDADE

Tem perfeita aplicação às sociedades anónimas tudo quanto, a este respeito, se disse em relação às sociedades por quotas.

Não deixa, porém, de acrescentar-se, quanto à **denominação**, que "a firma das sociedades anónimas será formada, com ou sem sigla, pelo nome ou firma de um ou alguns dos sócios ou por uma denominação particular, ou pela reunião de ambos esses elementos, mas em qualquer caso concluirá pela expressão "sociedade anónima" ou pela abreviatura "S.A." (Art. 275.º, 1, CSC).

— NÚMERO DE ACCIONISTAS

A sociedade anónima não pode ser constituída por um número inferior a cinco, salvo quando a lei o dispense (Art. 273.º, 1, CSC);

Exceptuam-se as sociedades em que o Estado, directamente ou por intermédio de empresas públicas ou outras entidades equiparadas por lei para este efeito, fique a deter a maioria do capital, as quais podem constituir-se apenas com dois sócios (Art. 273.º, 2, CSC);

Porém, uma sociedade pode constituir, mediante escritura por ela outorgada, uma sociedade anónima de cujas acções seja inicialmente a única titular, situação que constitui o chamado domínio total inicial (Art. 488.º, CSC).

— ACCIONISTA ESTRANGEIRO

Sempre que, na constituição de sociedade anónima, intervenha accionista estrangeiro, haverá necessidade de obter diversos documentos específicos.

Ver, sobre o assunto, os títulos **"Sócio Estrangeiro"** e **"Sócio Sociedade Estrangeira"**, no capítulo das sociedades por quotas.

— CAPITAL

— O capital social e as acções devem ser expressos num valor nominal (Art. 276.º, 1, CSC);

— As acções deverão ter o mesmo valor nominal, que não poderá ser inferior a um cêntimo (Art. 276.º, 2, CSC);

— O valor mínimo do capital é de 50.000 euros (Art. 276.º, 3, CSC);

— A acção é indivisível (Art. 276.º, 4, CSC);

— Nas entradas em dinheiro só pode ser diferida a realização de 70% do valor nominal das acções (Art. 277.º, 2, CSC);

— A soma das entradas em dinheiro já realizadas deverá ser depositada em instituição de crédito, antes da celebração da escritura, em conta aberta em nome da sociedade, devendo ser exibido no acto da mesma escritura o comprovativo de tal depósito — ver **"Guia de Depósito"** (Art. 277.º, 3, CSC).

— O depósito exigido pelo número anterior pode ainda ser comprovado por declaração dos sócios, prestada sob sua responsabilidade (Art. 277.º, 4, CSC);

— Da conta aberta em nome da sociedade só poderão ser efectuados levantamentos (Art. 277.º, 5, CSC);

d) Depois de o contrato estar definitivamente registado;

e) Depois de outorgada a escritura, caso os accionistas autorizem os administradores ou directores a efectuá-los para fins determinados;

f) Para liquidação provocada pela inexistência ou nulidade do contrato ou pela falta de registo.

g) Para a restituição prevista nos artigos 279.°, n° 6, alínea *h*), e 280.° — Ver **"Subscrição Incompleta"**.

— As entradas dos accionistas poderão consistir em bens diferentes de dinheiro (Art. 9.º, 1, *h*), CSC).

— O montante do capital social deve ser sempre e apenas expresso na moeda com curso legal em Portugal (Art. 14.º, CSC).

— ÓRGÃOS SOCIAIS

A administração e a fiscalização da sociedade poderão ser estruturadas segundo uma das duas seguintes modalidades:

a) Conselho de Administração, Fiscal Único ou Conselho Fiscal (Art. 278.º, 1 *a*), CSC).

b) Direcção, Conselho Geral e Revisor Oficial de Contas (Art. 278.º, 1 *b*), CSC).

Nos casos previstos na lei, em vez de Conselho de Administração ou de Direcção, poderá haver um só administrador ou director. (Art. 278.º, 2, CSC).

Nas sociedades cujo capital não exceda os 200.000 euros o contrato pode dispor que a sociedade tenha um só administrador (Art. 278.º, 2, CSC).

Em qualquer momento pode o contrato ser alterado para a adopção de qualquer das estruturas admitidas (Art. 278.º, 3, CSC).

Mesa da Assembleia Geral

A mesa da Assembleia Geral é constituída, pelo menos, por um presidente e um secretário (Art. 374.º, 1, CSC).

O contrato de sociedade pode determinar que o presidente, o vice-presidente e os secretários da mesa da Assembleia Geral sejam eleitos por esta, por um período não superior a quatro anos, de entre accionistas ou outras pessoas (374.º, 2, CSC).

NOTA — No caso de se pretender designar o secretário da sociedade, nos termos do artigo 446.º-A e seguintes do CSC, não é necessária a existência de secretários da mesa, uma vez que as funções destes cabem nas atribuições daquele.

— Lista de Presenças

De acordo com o art. 382.º do CSC, o presidente da mesa da Assembleia Geral deve mandar organizar a lista dos accionistas que estiverem presentes ou representados no início da reunião **(Anexo 4)**.

Tal lista deve conter os seguintes elementos:

a) O nome e o domicílio de cada um dos accionistas presentes;

b) O nome e o domicílio de cada um dos accionistas representados e dos seus representantes;

c) O número, a categoria e o valor nominal das acções pertencentes a cada accionista presente ou representado;

No entanto, tal lista de presenças pode ser substituída por um livro com idêntica finalidade, que contenha todos os elementos mencionados, o chamado **"Livro de Presenças"**.

Conselho de Administração

— Composição

O Conselho de Administração é composto por um número ímpar de membros, fixado no contrato de sociedade, ou por um administrador único, se o capital for inferior a 200.000 euros e o contrato dispuser nesse sentido, como antes ficou assinalado (art. 390.º, 1 e 2, CSC).

Os administradores poderão não ser accionistas, mas devem ser pessoas singulares com capacidade jurídica plena (Art. 390.º, 3, CSC).

Pode uma sociedade ser designada administradora. Neste caso, deverá ela nomear uma pessoa singular para exercer o cargo em nome próprio. A sociedade responde solidariamente, com a pessoa nomeada, pelos actos desta, no exercício das funções de administração (Art. 390.º, 4, CSC).

— Designação

Os administradores podem ser designados no contrato da sociedade **(Anexo 22)** ou eleitos em assembleia geral ou constitutiva **(Anexo 23)** (Art. 391.º, 1, CSC).

No contrato de sociedade pode estipular-se que a eleição dos administradores deve ser aprovada por votos correspondentes a determinada percentagem do capital ou que a eleição de algum deles, em número não superior a um terço do total, deve ser também aprovada pela maioria dos votos conferidos a certas acções, mas não pode ser atribuído a certas categorias de acções o direito de designação de administradores (Art. 391.º, 2,CSC).

— Presidente do Conselho de Administração

O contrato de sociedade pode estabelecer que a Assembleia Geral que eleger o Conselho de Administração designe o respectivo presidente (Art. 395.º, 1, CSC).

Na falta dessa cláusula contratual, o Conselho de Administração escolherá o seu presidente, podendo substituí-lo em qualquer tempo (Art. 395.º, 2, CSC).

O contrato de sociedade pode atribuir ao presidente voto de qualidade nas deliberações do Conselho (Art. 395.º, 3, CSC).

— Período

Os administradores são designados por um período fixado no contrato de sociedade, não excedente a quatro anos civis, contando-se como completo o ano civil em que os administradores forem designados; na falta de indicação do contrato, entende-se que a designação é feita por quatro anos civis, sendo permitida a reeleição (Art. 391.º, 3, CSC).

Embora designados por prazo certo, os administradores mantêm-se em funções até nova designação (Art. 391.º, 4, CSC).

— Regras especiais de eleição

O contrato de sociedade pode permitir que, nos casos em que grupos de accionistas possuam não mais de 20% e não menos de 10% de acções representativas do capital social, se proceda a eleição isolada, entre pessoas propostas em listas subscritas por esse grupo, de administradores não excedentes a um, dois ou três, conforme o número total for de três, cinco ou mais de cinco (Art. 392.º, 1, CSC).

Cada uma dessas listas deve propor, pelo menos, duas pessoas elegíveis por cada um dos cargos a preencher (Art. 392.º, 2, CSC).

O mesmo accionista não pode subscrever mais do que uma lista (Art. 392.º, 3, CSC).

O contrato de sociedade pode estabelecer que uma minoria de accionistas, que tenha votado contra a proposta que fez vencimento na eleição dos administradores, possa designar, pelo menos, um administrador, desde que essa minoria represente, no mínimo, 10% do capital social (Art. 392.º, 6, CSC).

— Remuneração dos administradores

A remuneração dos membros do Conselho de Administração é fixada pela Assembleia Geral ou por uma Comissão de Accionistas, nomeada pela mesma assembleia (Art. 399.º, 1, CSC).

A remuneração pode ser certa ou consistir parcialmente numa percentagem dos lucros do exercício, mas a percentagem global destinada aos administradores deve ser autorizada por cláusula do contrato de sociedade (Art. 399.º, 2, CSC).

Conselho Fiscal

— Composição

A fiscalização da sociedade compete a um fiscal único, que deve ser revisor oficial de contas ou sociedade de revisores oficiais de contas, ou a um conselho fiscal (Art. 413.º, 1, CSC).

O fiscal único terá sempre um suplente, que será igualmente revisor oficial de contas ou sociedade de revisores oficiais de contas (Art. 413.º, 2, CSC).

O conselho fiscal é composto por três membros efectivos; o contrato de sociedade pode aumentar esse número para cinco (Art. 413.º, 3, CSC).

Sendo três os membros efectivos do conselho fiscal, haverá um ou dois suplentes; sendo cinco, haverá dois suplentes (Art. 413.º, 4, CSC).

O fiscal único rege-se pelas disposições legais respeitantes ao revisor oficial de contas e subsidiariamente, na parte aplicável, pelo disposto quanto ao conselho fiscal e aos seus membros (Art. 413.º, 5, CSC).

— Requisitos

O fiscal único e o suplente ou, no caso de existência de conselho fiscal, um membro efectivo e um dos suplentes, têm de ser revisores oficiais de contas ou sociedades de revisores oficiais de contas e não podem ser accionistas (Art. 414.º, 1, CSC).

Os restantes membros do conselho fiscal podem não ser accionistas, mas devem ser pessoas singulares com capacidade jurídica plena, excepto se forem sociedades de advogados ou sociedades de revisores oficiais de contas (Art. 414.º, 2, CSC).

Não podem ser eleitos ou designados membros do conselho fiscal ou fiscal único (Art. 414.º, 3, CSC):

a) Os beneficiários de vantagens particulares da própria sociedade;
b) Os que exercem funções de administração da própria sociedade ou as exerceram nos últimos três anos;
c) Os membros do órgão de administração de sociedade que se encontre em relação de domínio ou de grupo com a sociedade fiscalizada;
d) O sócio de sociedade em nome colectivo que se encontra em relação de domínio com a sociedade fiscalizada;
e) Os que prestem serviços remunerados com carácter permanente à sociedade fiscalizada ou sociedade que com esta se encontra em relação de domínio ou de grupo;
f) Os que exerçam funções em empresa concorrente;
g) Os cônjuges, parentes e afins na linha recta e até ao terceiro grau, inclusivé, na linha colateral, de pessoas impedidas por força do disposto nas alíneas a), b), c), d) e f), bem como os cônjuges das pessoas abrangidas pelo disposto na alínea e);
h) Os que exerçam funções de administração ou de fiscalização em cinco sociedades, exceptuando as sociedades de advogados, as sociedades de revisores oficiais de contas, e os revisores oficiais de contas, aplicando-se a estes o regime do artigo 9.º do Decreto-Lei n.º 519-L2/79, de 29/12;

i) Os revisores oficiais de contas em relação aos quais se verifiquem outras incompatibilidades previstas na respectiva legislação;

j) Os interditos, os inabilitados, os insolventes, os falidos e os condenados a pena que implique a inibição, ainda que temporária, do exercício de funções públicas.

A superveniência de algum dos motivos indicados no número anterior importa caducidade da designação (Art. 414.º, 4, CSC).

É nula a designação de pessoa relativamente à qual se verifique alguma das incompatibilidades estabelecidas no n.º 3 ou que não possua a capacidade exigida pelo n.º 2 (Art. 414.º, 5, CSC).

A sociedade de revisores oficiais de contas que fizer parte do conselho fiscal deve designar até dois dos seus revisores para assistir às reuniões dos órgãos de fiscalização e de administração e da assembleia geral da sociedade fiscalizada (Art. 414.º, 6, CSC).

— A sociedade de advogados que fizer parte do conselho fiscal deve, para os efeitos do número anterior, designar um dos seus sócios (Art. 414.º, 7, CSC).

Os revisores designados nos termos do n.º 6 e os sócios de sociedades de advogados, designados nos termos do n.º 7, ficam sujeitos às incompatibilidades previstas no n.º 3 (Art. 414.º, 8, CSC).

— Designação e período

Os membros efectivos do Conselho Fiscal, os suplentes e o fiscal único são eleitos pela Assembleia Geral, pelo período estabelecido no contrato de sociedade para os órgãos sociais, não superior a quatro anos. Na falta de indicação do período por que foram eleitos, entende-se que a eleição foi feita por quatro anos (Art. 415.º, 1, CSC).

A primeira designação poderá ser feita no contrato de sociedade **(Anexo 22)** ou pela Assembleia Constitutiva **(Anexo 23)**, que designarão também o membro que servirá como presidente (Art. 415.º, 2, CSC).

Direcção

— Composição

A Direcção é composta por um número ímpar de directores, no máximo de 5 (Art. 424.º, 1, CSC).

O número de directores deve ser fixado pelo contrato de sociedade, mas a sociedade só pode ter um director único se o seu capital for inferior a 200.000 euros (Art. 424.º, 2, CSC).

— Designação e período

Os directores são designados no contrato de sociedade ou pelo Conselho Geral, por um período fixado no contrato de sociedade, não superior a quatro anos civis, contando-se como completo o ano civil em que a Direcção foi designada.

No caso de omissão do contrato, entende-se que a designação é feita por quatro anos civis (Art. 425.º, 1, CSC).

— Remuneração

A remuneração dos directores é estabelecida pelo Conselho Geral (Art. 429.º, 1, CSC).

Conselho Geral

— Composição

O Conselho Geral é composto por um número ímpar de membros, a fixar no contrato de sociedade, mas sempre superior ao número de directores e não superior a quinze (Art. 434.º, 1, CSC).

Os seus membros devem ser accionistas titulares de acções nominativas ou ao portador registadas ou depositadas, em número fixado no contrato de sociedade, não inferior, porém, ao número necessário para conferir um voto na Assembleia Geral (Art. 434.º, 2, CSC).

— Designação

Os membros do Conselho Geral são designados no contrato de sociedade ou eleitos pela Assembleia Geral ou Constitutiva (Art. 435.º, 1, CSC).

O Conselho Geral designa aquele dos seus membros que será o presidente (Art. 436.º, CSC).

— **Remunerações**

As funções do Conselho Geral são ou não remuneradas, conforme for fixado pelo contrato de sociedade. O seu montante é definido pela Assembleia Geral ou por uma Comissão por ela nomeada (Art. 440.º 1 CSC).

— **Comissões**

O Conselho Geral pode nomear, de entre os seus membros, uma ou mais comissões para preparar as suas deliberações ou para fiscalizar a execução destas (Art. 444.º, 1, CSC).

No primeiro mês após a sua eleição, deve o Conselho nomear uma comissão especialmente encarregada de exercer permanentemente as funções de fiscalização da direcção (Art. 444.º, 2, CSC).

Secretário da Sociedade

— **Designação**

As sociedades cotadas em bolsa de valores devem designar um secretário da sociedade e um suplente (Art. 446.º-A, 1, CSC).

O secretário e o seu suplente devem ser designados pelos sócios fundadores no acto da constituição da sociedade ou pelo conselho de administração ou pela direcção por deliberação registada em acta (Art. 446.º-A, 2, CSC).

As funções de secretário são exercidas por pessoa com curso superior adequado ao desempenho das funções ou solicitador, não podendo exercê-las em mais de sete sociedades, salvo nas que se encontrem nas situações previstas no título VI do CSC (Art. 446.º-A, 3, CSC).

Em caso de falta ou impedimento do secretário, as suas funções são exercidas pelo suplente (Art. 446.º-A, 4, CSC).

— **Competência**

Para além de outras funções estabelecidas pelo contrato social, compete ao secretário da sociedade (Art. 446.º-B, 1, CSC).

a) Secretariar as reuniões da assembleia geral, da administração, da direcção e do conselho geral;
b) Lavrar as actas e assiná-las conjuntamente com os membros dos órgãos sociais respectivos e o presidente da mesa da assembleia geral, quando desta se trate;
c) Conservar, guardar e manter em ordem os livros e folhas de actas, as listas de presenças, o livro de registo de acções, bem como o expediente a eles relativo;
d) Proceder à expedição das convocatórias legais para as reuniões de todos os órgãos sociais;
e) Certificar as assinaturas dos membros dos órgãos sociais apostas nos documentos das sociedades;
f) Certificar que todas as cópias ou transcrições extraídas dos livros da sociedade ou dos documentos arquivados são verdadeiras, completas e actuais;
g) Satisfazer, no âmbito da sua competência, as solicitações formuladas pelos accionistas no exercício do direito à informação;
h) Certificar o conteúdo, total ou parcial, do contrato de sociedade em vigor, bem como a identidade dos membros dos diversos órgãos da sociedade e quais os poderes de que são titulares;
i) Certificar as cópias actualizadas dos estatutos, das deliberações dos sócios e da administração e dos lançamentos em vigor constantes dos livros sociais, bem como assegurar que elas sejam entregues ou enviadas aos titulares de acções que as tenham requerido e que tenham pago o respectivo custo;
j) Autenticar com a sua rubrica toda a documentação submetida à assembleia geral e referida nas respectivas actas;
l) Requerer a inscrição no registo comercial dos actos sociais a ele sujeitos.

As funções referidas nas alíneas e), f) e h) do n.º 1 deste artigo são exercidas sem prejuízo da competência de verificação da conformidade de tais poderes para o acto que caibam às entidades públicas e, em especial, aos notários e aos conservadores (Art. 446.º-B, 2, CSC).

As certidões feitas pelo secretário geral referidas nas alíneas e), f) e h) do n.º 1 deste artigo substituem, para todos os efeitos legais, a certidão de registo comercial (Art. 446.º-B, 3, CSC).

— Período de duração das funções

A duração das funções do secretário coincide com a do mandato dos órgãos sociais que o designarem, podendo renovar-se por uma ou mais vezes (Art. 446.º-C, CSC).

— Regime facultativo de designação do secretário

As sociedades anónimas relativamente às quais não se verifique o requisito previsto no n.º 1 do artigo 446.º-A, bem como as sociedades por quotas, podem designar um secretário da sociedade (Art. 446.º-D, 1, CSC).

Nas sociedades por quotas compete à assembleia geral designar o secretário da sociedade (Art. 446.º-D, 2, CSC).

— Registo do cargo

A designação e cessão de funções, por qualquer causa que não seja o decurso do tempo, do secretário está sujeita a registo, nos termos do Código do Registo Comercial (Art. 446.º-F, 1, CSC).

A inscrição inicial dos actos de registo previstos no número anterior fica isenta do pagamento de emolumentos (Art. 446.º-F, 2, CSC).

— Responsabilidade

O secretário é responsável civil e criminalmente pelos actos que praticar no exercício das suas funções (Art. 446.º-F, CSC).

— ACÇÕES

Como vimos, o capital das sociedades anónimas é dividido em acções. Analisemos, agora, algumas das suas características:

— Valor

As acções não podem ser emitidas por valor inferior ao seu

valor nominal (Art. 298.º, 1, CSC), o qual, como já foi referido, não pode ser inferior a um cêntimo.

— Espécie

As acções serão representadas por títulos nominativos ou ao portador, convertíveis ou não entre si, salvo disposição diferente da lei ou dos estatutos podendo o capital da sociedade ser representado por acções de um ou de outro tipo (Art. 299.º, 1, CSC e Art. 52.º, 1, CMVM)

*Acções nominativas são aquelas que indicam o nome do respectivo titular **(Anexo 24)**.*

*As acções ao portador não têm essa caracteristica, determinando-se a sua titularidade pela posse legítima **(Anexo 25)**.*

Porém, as acções devem ser nominativas nas seguintes situações (Art. 299.º, 2, CSC):

a) Enquanto não estiverem integralmente liberadas;
b) Quando, segundo o contrato de sociedades não puderem ser transmitidas sem o consentimento da sociedade ou houver alguma outra restrição à sua transmissibilidade;
c) Quando se tratar de acções cujo titular esteja obrigado, segundo o contrato de sociedade, a efectuar prestações acessórias à sociedade.

— Categoria

Podem ser diversos, nomeadamente quanto à atribuição de dividendos e quanto à partilha do activo resultante da liquidação, os direitos inerentes às acções emitidas pela mesma sociedade (Art 302.º 1, CSC)

As acções que compreendem direitos iguais formam uma categoria (Art. 302.º, 2, CSC).

— Títulos provisórios

Antes da emissão dos títulos definitivos, pode a sociedade entregar ao accionista um título provisório nominativo (Art. 304.º, 1, CSC).

Os títulos provisórios substituem, para todos os efeitos, os títulos definitivos, enquanto estes não forem emitidos e devem conter as indicações exigidas para os segundos **(Anexo 25)** (Art. 304.º, 2, CSC).

— Títulos definitivos

Os títulos definitivos devem ser entregues aos accionistas nos seis meses seguintes ao registo definitivo do contrato de sociedade na Conservatória do Registo Comercial (Art. 304.º, 3, CSC).

Os títulos de acções, quer definitivos, quer provisórios, podem incorporar mais de uma acção, conforme o estabelecido no contrato de sociedade **(Anexo 24)** (Art. 304.º, 4, CSC).

Os títulos definitivos e provisórios são assinados por um ou mais administradores ou directores, podendo as assinaturas ser de chancela por eles autorizada ou por mandatários da sociedade para o efeito designados, e contêm (Art. 304.º, 5, CSC):

a) A firma e a sede da sociedade;
b) A data e o cartório notarial da escritura de constituição, a data da publicação e o número de pessoa colectiva da sociedade;
c) O montante do capital social;
d) O valor nominal de cada acção e o montante da liberação;
e) O número de acções incorporadas no título e o seu valor nominal global.

Os títulos provisórios ou definitivos não podem ser emitidos ou negociados antes da inscrição definitiva do contrato de sociedade (Art. 304.º, 6, CSC).

Os documentos comprovativos da subscrição de acções não constituem, por si só, títulos provisórios, não lhes sendo aplicáveis os preceitos para estes previstos (Art. 304.º, 8, CSC).

Valores escriturais

— Entidades registadoras

O registo individualizado de valores mobiliários escriturais consta de (Art. 61.º, Cod.MVM):

a) Conta aberta junto de intermediário financeiro, integrado em sistema centralizado; ou
b) Conta aberta junto de um único intermediário financeiro indicado pelo emitente; ou
c) Conta aberta junto do emitente ou de intermediário financeiro que o representa.

— Integração em sistema centralizado

São obrigatoriamente integrados em sistema centralizado os valores mobiliários escriturais admitidos à negociação em mercado regulamentado (Art. 62.º, Cod.MVM).

— Registo num único intermediário financeiro

São obrigatoriamente registados num único intermediário financeiro, quando não estejam integrados em sistema centralizado (Art. 63.º, 1, Cod.MVM):

a) Os valores mobiliários escriturais ao portador;
b) Os valores mobiliários distribuídos através de oferta pública e outros que pertençam à mesma categoria;
c) Os valores mobiliários emitidos conjuntamente por mais do que uma entidade;
d) As unidades de participação em instituição de investimento colectivo.

O intermediário financeiro registador é indicado pelo emitente ou pela entidade gestora da instituição de investimento colectivo, que suportam os custos da eventual mudança de entidade registadora (Art. 63.º, 2 Cod.MVM).

Se o emitente for um intermediário financeiro, o registo a que se refere o presente artigo é feito noutro intermediário financeiro (Art. 63.º, 3, Cod.MVM).

O intermediário financeiro adopta todas as medidas necessárias para prevenir e, com a colaboração do emitente, corrigir qualquer divergência entre a quantidade total e por categorias, de valores mobiliários emitidos e a quantidade dos que se encontram em circulação (Art. 63.º, 4, Cod.MVM).

— Registo no emitente

Os valores mobiliários escriturais nominativos não integrados em sistema centralizado nem registado num único intermediário financeiro são registados junto do emitente (Art. 64.º, 1, Cod.MVM).

O registo junto do emitente pode ser substituído por registo com igual valor a cargo de intermediário financeiro actuando na qualidade de representante do emitente (Art. 64.º, 2, Cod.MVM).

Processo de registo

Os registos integrados em sistema centralizado são feitos em suporte informático, podendo consistir em referências codificadas (Art. 65.º, I, Cod.MVM).

As entidades que efectuem os registos em suporte informático devem utilizar meios de segurança adequados para esse tipo de suporte, em particular cópias de segurança guardadas em local distinto dos registos (Art. 65.º, 2, Cod.MVM).

— Registo das Emissões de Valores Mobiliárioas junto do Emitente

O registo da emissão de valores estabelecido pelo Código do Mercado de Valores Mobiliários e regulado pela Portaria n.º 290/ /2000, de 25/5, vem susbtituir o Livro de Registo de Acções, tal como previsto no Art. 305.º do Código das Sociedades Comerciais e na Portaria n.º 647/93, de 7/7, que aquele Código revogou. Assinalamos os aspectos fundamentais introduzidos pelos Código e fazemos transcrição integral, devido ao seu interesse, da Portaria em questão.

— Registo da emissão

— A emissão de valores mobiliários que não tenham sido destacados de outros valores mobiliários está sujeita a registo junto do emitente (Art. 43.º, 1, CMVM).

— Menções do registo da emissão

— Do registo da emissão constam (Art. 44.º, 1, CMVM):

a) A identificação do emitente, nomeadamente a firma ou denominação, a sede, o número de identificação de pessoa colectiva, a conservatória do registo comercial onde se encontra matriculada e o número de matrícula;

b) As características completas do valor mobiliário, designadamente o tipo, os direitos que, em relação ao tipo, estão especialmente incluídos ou excluídos, a forma de representação e o valor nominal ou percentual;

c) A quantidade de valores mobiliários que integram a emissão e a série a que respeitam e, tratando-se de emissão contínua, a quantidade actualizada dos valores mobiliários emitidos;

d) O montante e a data dos pagamentos para liberação previstos e efectuados;

e) As alterações que se verifiquem em qualquer das menções referidas nas alíneas anteriores;

f) A data da primeira inscrição registral de titularidade ou da entrega dos títulos e a identificação do primeiro titular, bem como, se for o caso, do intermediário financeiro com quem o titular celebrou contrato para registo dos valores mobiliários;

g) O número de ordem dos valores mobiliários titulados.

— O registo das alterações a que se refere a alínea e) do número anterior deve ser feito no prazo de 30 dias (Art. 44.º, 2, CMVM);

— O registo da emissão é reproduzido, quanto aos elementos referidos nas alíneas a), b) e c) do número anterior e suas alterações (Art. 44.º, 3, CMVM):

a) Em conta aberta pelo emitente junto da entidade gestora do sistema centralizado, quando os valores mobiliários sejam integrados nesse sistema;

b) Em conta aberta pelo emitente no intermediário financeiro que presta o serviço de registo dos valores mobiliários escriturais nos termos do artigo 63.º.

— Categoria

— Os valores mobiliários que sejam emitidos pela mesma entidade e apresentem o mesmo conteúdo constituem uma categoria, ainda que pertençam a emissões ou séries diferentes (Art. 45.º, CMVM).

Portaria n.º 290/2000, de 25/5:

A presente portaria regula o registo das emissões de valores mobiliários junto do emitente, substituindo o livro de registo de acções, tal como previsto no artigo 305.° do Código das Sociedades Comerciais e na Portaria n.° 647/1993, de 7 de Julho, revogados pelo Código dos Valores Mobiliários.

O registo da emissão é agora exigido para todos os valores mobiliários, continuando a manter a função de registo dos valores mobiliários titulados nominativos que não tenham sido integrados em sistema centralizado nem aqueles em que a emissão seja representada por um só título.

Disciplina-se a adopção pelo emitente de registo em suporte informático, atendendo-se, nomeadamente, ao disposto no artigo 4.° do Código dos Valores Mobiliários e no Decreto-Lei n.° 290-D/ /1999, de 2 de Agosto.

Acautela-se a transição do regime anterior estipulando-se que, com a primeira emissão de valores mobiliários do emitente após a entrada em vigor da presente portaria, é aplicável o disposto quanto ao novo modelo de registo e estabelece-se a irreversibilidade da decisão que leve à adopção do modelo agora aprovado.

Foi ouvida a Comissão do Mercado de Valores Mobiliários.

Assim, ao abrigo do disposto na alínea a) do n.º 1 do artigo 59.° do Código dos Valores Mobiliários:

Manda o Governo, pelo Ministro das Finanças, o seguinte:

1°

Âmbito

A presente portaria aprova o modelo do registo da emissão de valores mobiliários junto do emitente, previsto no artigo 43.° do Código dos Valores Mobiliários.

2°

Suporte

1 — O registo da emissão de valores mobiliários junto do emitente pode ser feito em suporte de papel ou em suporte informático.

2 — Se o emitente optar pelo registo em suporte informático:

a) Uma cópia de segurança do registo é guardada em local distinto;

b) A utilização do ficheiro do registo depende de código de acesso (password) reservado a pessoas previamente determinadas;

c) Existem planos de contingência para a protecção do registo em casos de força maior;

d) São assegurados níveis de inteligibilidade, de durabilidade e de autenticidade equivalentes aos verificados no registo em suporte de papel;
e) Aplicam-se as regras legais e regulamentares relativas à certificação de documentos electrónicos, nomeadamente no que respeita à intenvenção de autoridades credenciadoras e certificadoras, à emissão de chaves e certificados, bem como à aposição de assinatura digital.

3°
Termos de abertura e encerramento

1 — Os termos de abertura e encerramento do registo são assinados por quem vincule o emitente e por um titular do órgão de fiscalização.

2 — Do termo de abertura do registo consta a identificação do emitente e a data das assinaturas.

3 — Do termo de encerramento do registo consta a referência ao número de páginas que compõem o registo e a data das assinaturas.

4°
Inscrições

1 — O registo é dividido em três partes, reproduzidas, respectivamente, nos anexos I, II e III da presente portaria, que dela fazem parte integrante.
2 — As instruções de preenchimento constam do anexo IV, que faz palte integrante da presente portaria.
3 — O preenchimento da parte II pode ser substituído pela junção das listagens dos subscritores dos valores mobiliários, a fornecer pelos intermediários financeiros colocadores.
4 — As inscrições na parte III referem-se às mudanças de titularidade de valores mobiliários titulados nominativos, da mesma categoria, quando a emissão ou série:

a) Não seja representada por um só título; ou
b) Não esteja integrada num sistema centralizado de valores mobiliários.

5 — As mudanças de titularidade dos valores mobiliários titulados nominativos cuja emissão ou série esteja integrada em sistema centralizado, quanto aos títulos em que essa integração não seja efectiva por não se encontrarem depositados em interrnediário financeiro participante nesse sistema, são igualmente inscritas nos termos do número anterior.

5°

Disposições transitórias

1 — A adopção do modelo previsto na presente portaria é obrigatória para a realização do registo das emissões realizadas após a sua entrada em vigor.

2 — A adopção voluntária do modelo aprovado pela presente portaria é irreversível.

6°

Entrada em vigor

A presente portaria entra em vigor no dia 1 de Março de 2000.

O Ministro das Finanças, *Joaquim Augusto Nunes Pina Moura,* em 9 de Maio de 2000.

ANEXO I

PARTE I
Vicissitudes da emissão

Números		Tipo de valor mobiliário	Quantidades de valores	Série	Quantidade (emissão contínua)	Valor nominal ou percentual
Da ordem de registo	Dos valores mobiliários					
(1)	(2)	(3)	(4)	(5)	(6)	(7)

Forma de representação				Data de entrega	Categoria
Titulada		Escritural			
Nominativa	Portador	Nominativa	Portador		
(8)	(9)	(10)	(11)	(12)	(13)

Pagamento para liberação				Conversão					
Previsto		Efectuado		Forma de representação		Modalidade		Conteúdo	
Montante	Data	Montante	Data	Forma	Data	Modalidade	Data	Descrição	Data
(14)	(15)	(16)	(17)	(18)	(19)	(20)	(21)	(22)	(23)

Integração em sistema	Exclusão do sistema	Extinção			Observações
		Fundamento	Montante	Data	
(24)	(25)	(26)	(27)	(28)	(29)

ANEXO II

PARTE II
Primeiras incrições
(artigo 44.º, n.º 1, do Código dos Valores Mobiliários)

Data da primeira inscrição de titularidade ou da entrega dos títulos	Identificação do primeiro titular	Identificação do intermediário financeiro
(30)	(31)	(32)

ANEXO III

PARTE III
Inscrições de titularidade
(artigo 102.º, do Código dos Valores Mobiliários)

Transmissão				
Número da ordem de registo	Trasmitente	Transmissionário	Data	
			Apresentação da declaração	Cancelamento
(33)	(34)	(35)	(36)	(37)

ANEXO IV

Instruções de preenchimento

1 – Número sequencial de inscrições registrais.

2 – Número de ordem dos valores mobiliários titulados.

6 – Tratando-se de emissão contínua, a quantidade actualizada dos valores mobiliários emitidos.

12 – Relativo aos valores mobiliários titulados, no momento da emissão, e em relação aos valores mobiliários escriturais, no momento da sua conversão em titulados.

13 – Especificação dos direitos que, em relação ao tipo de valor mobiliário, estão especialmente incluídos ou excluídos. Devem ser mencionados, designadamente, os ónus e encargos que estejam previstos nas condições da emissão (por exemplo, limitações à transmissibilidade dos valores mobiliários).

18 – Especificar se a conversão é de valores mobiliários titulados em escriturais, ou vice-versa. No caso de se tratar de conversão de valores mobiliários titulados em escriturais, deve também constar a menção do número de conta prevista no n.º 1 do artigo 50.º do Código dos Valores Mobiliários.

20 – Especificar se a conversão é de valores mobiliários ao portador em nominativos, ou vice-versa.

22 – Especificar a alteração do conteúdo dos valores mobiliários, nomeadamente quando estejam em causa obrigações convertíveis em acções ou outros valores mobiliários, conversão de acções de fruição em acções de capital ou de acções ordinárias em acções preferenciais sem voto.

24 e 25 – A integração e a exclusão aqui previstas dizem respeito à integração dos valores mobiliários em causa em um dos sistemas previstos nos artigos 62.º e 63.º, no n.º 2 do artigo 64.º, no artigo 88.º, na alínea b) do n.º 1 e no n.º 2 do artigo 99.º, todos do Código dos Valores Mobiliários.

32 – Identificação do intermediário financeiro a que se refere a alínea f) do n.º 1 do artigo 44.º do Código dos Valores Mobiliários.

— Votos

Na falta de diferente cláusula contratual, a cada acção corresponde um voto (Art. 384.º, 1, CSC).

O contrato de sociedade pode (Art. 384.º, 2, CSC):

a) Fazer corresponder um só voto a um certo número de acções, contanto que sejam abrangidas todas as acções emitidas pela sociedade e fique cabendo um voto, pelo menos, a cada 1.000 euros de capital;

b) Estabelecer que não sejam contados votos acima de certo número, quando emitidos por um só accionista, em nome próprio ou também como representante de outro.

A limitação de votos pode ser estabelecida para todas as acções ou apenas para acções de uma ou mais categorias, mas não para accionistas determinados, e não vale em relação aos votos que pertençam ao Estado ou a entidades a ele equiparadas por lei, para esse efeito (Art. 384.º, 3, CSC).

A partir da mora na realização de entradas de capital e enquanto esta durar, o accionista não pode exercer o direito de voto (Art. 384.º, 4, CSC).

É proibido estabelecer no contrato voto plural (Art. 384.º, 5, CSC).

A forma do exercício do voto pode ser determinada pelo contrato, por deliberação dos sócios ou por decisão do presidente da assembleia (Art. 384.º, 8, CSC).

— LUCROS

Salvo diferente cláusula contratual ou deliberação tomada por maioria de três quartos dos votos correspondentes ao capital social em assembleia geral para o efeito convocada, não pode deixar de ser distribuído aos accionistas metade do lucro do exercício (Art. 294.º, 1, CSC).

Se, pelo contrato de sociedade, membros dos respectivos órgãos tiverem direito a participação nos lucros, esta só pode ser paga depois de postos a pagamento os lucros dos accionistas. — Ver **"remuneração dos administradores"**.

— CONSTITUIÇÃO COM RECURSO À SUBSCRIÇÃO PÚBLICA

Pode constituir-se uma sociedade com apelo à subscrição pública.

Neste caso deverão observar-se determinadas normas consignadas no Código das Sociedades Comerciais, às quais, a seguir, se faz referência.

— A constituição de sociedade anónima com apelo à subscrição pública de acções deve ser promovida por uma ou mais pessoas que assumem a responsabilidade estabelecida no Código das Sociedades Comerciais (Art. 279.º, 1, CSC).

— Os promotores devem subscrever e realizar integralmente acções cujos valores nominais somem, pelo menos, 50.000 euros. Essas acções são inalienáveis durante dois anos a contar do registo definitivo da sociedade (Art. 279.º, 2, CSC).

— Os promotores devem elaborar o projecto completo de contrato de sociedade e **requerer o seu registo provisório** (Art. 279.º, 3, CSC).

— O projecto especificará o número de acções ainda não subscritas destinadas, respectivamente, a subscrição particular e a subscrição pública (Art. 279.º, 4, CSC).

— O objecto da sociedade deve consistir numa ou mais actividades perfeitamente especificadas (Art. 279.º, 5, CSC).

— Depois de efectuado o registo provisório, **para cujo pedido só têm legitimidade os promotores,** estes colocarão as acções destinadas à subscrição particular e elaborarão oferta de acções destinadas à subscrição pública, assinada por todos eles, donde constarão obrigatoriamente (Art. 279.º, 6, CSC e Art. 29.º, 4, CRC):

a) O projecto do contrato provisoriamente registado;
b) Qualquer vantagem que, nos limites da lei, seja atribuída aos promotores;
c) O prazo, lugar e formalidades da subscrição;
d) O prazo dentro do qual se reunirá a assembleia constitutiva;
e) Um relatório técnico, económico e financeiro sobre as perspectivas da sociedade, organizado com base em dados verdadeiros e completos e em previsões justificadas pelas circunstâncias conhecidas nessa data, contendo as informações necessárias para cabal esclarecimento dos eventuais interessados na subscrição;
f) As regras a que obedecerá o rateio da subscrição, se este for necessário;
g) A indicação de que a constituição definitiva da sociedade ficará dependente da subscrição total das acções ou das condições em que é admitida aquela constituição, se a subscrição não for completa;
h) O montante da entrada a efectuar na altura da subscrição, o prazo e o modo da restituição dessa importância, no caso de não chegar a constituir-se a sociedade.

— As entradas em dinheiro efectuadas por todos os subscritores serão directamente depositadas por estes na conta aberta pelos promotores — ver **"Capital"**

— **Subscrição incompleta**

— Não sendo subscritas pelo público todas as acções a ele destinadas e não sendo aplicável o disposto no n.º 3 do art. 280.º do CSC, devem os promotores requerer o cancelamento do registo provisório e publicar um anúncio em que informem os subscritores de que devem levantar as suas entradas. Segundo anúncio deve ser publicado, decorrido um mês, se, entretanto, não tiverem sido levantadas todas as entradas (Art. 280.º, 1, CSC).

O programa de oferta de acções à subscrição pública pode especificar que, no caso de subscrição incompleta, é facultado à assembleia constitutiva deliberar a constituição da sociedade, contanto que tenham sido subscritos pelo menos três quartos das acções destinadas ao público (Art. 280.º, 3, CSC).

— Não chegando a sociedade a constituir-se, todas as despesas efectuadas são suportadas pelos promotores (Art. 280.º, 4, CSC).

— **Assembleia constitutiva**

— Terminada a subscrição e podendo ser constituída a sociedade, os promotores devem convocar uma assembleia de todos os subscritores (Art. 281.º, 1, CSC).

— A convocação é efectuada nos termos prescritos para as assembleias gerais das sociedades anónimas e a assembleia é presidida por um dos promotores (Art. 281.º, 2, CSC).

— Todos os documentos relativos às subscrições e, de um modo geral, à constituição da sociedade devem estar patentes a todos os subscritores a partir da publicação da convocatória, a qual deve mencionar esse facto, indicando o local onde podem ser consultados (Art. 281.º, 3, CSC).

— Na assembleia, cada promotor e cada subscritor tem um voto, seja qual for o número de acções subscritas (Art. 281.º, 4, CSC).

— Na primeira data fixada a assembleia só poderá reunir-se estando presente ou representada metade dos subscritores, não incluindo os promotores; neste caso as deliberações são tomadas por maioria de votos, incluindo os dos promotores (Art. 281.º, 5, CSC).

— Se na segunda data fixada não estiver presente ou representada metade dos subscritores, não incluindo os promotores, as deliberações são tomadas por dois terços dos votos, incluindo os dos promotores (Art. 281.º, 6, CSC).

A assembleia delibera:

a) Sobre a constituição da sociedade, nos precisos termos do projecto registado;
b) Sobre a designação dos órgãos sociais (Art. 281.º, 7, CSC).

— Com o voto unânime de todos os promotores e subscritores podem ser introduzidas alterações no projecto de contrato de sociedade (Art. 281.º, 8, CSC).

— Havendo subscrição particular, com entradas que não consistam em dinheiro, a eficácia da deliberação de constituição da sociedade fica dependente da efectivação daquelas entradas na escritura do contrato (Art. 281.º, 9, CSC).

— Sendo deliberada a constituição da sociedade, no caso em que se tenha verificado subscrição incompleta (Art. 280.º, 3, CSC), tal deliberação deve fixar o montante do capital e o número das acções, em conformidade com as subscrições efectuadas (Art. 281.º, 10, CSC).

— A acta deve ser assinada pelos promotores e por todos os subscritores que tenham aprovado a constituição da sociedade (Art. 281.º, 11, CSC).

— Escritura do contrato de Sociedade

— A escritura do contrato de sociedade deve ser outorgada por dois promotores e pelos subscritores que entrem com bens diferentes de dinheiro (Art. 283.º, 1, CSC).

— Toda a documentação, incluindo a acta da assembleia constitutiva, é exibida ao Notário e mencionada na escritura e ficará arquivada na Conservatória do Registo Comercial, onde deverá ser entregue juntamente com o requerimento de conversão do registo em definitivo (Art. 283.º, 2, CSC).

— MERCADO DE VALORES MOBILIÁRIOS

Oferta Pública

— Considera-se pública a oferta relativa a valores mobiliários dirigida, no todo ou em parte, a destinatários indeterminados (Art. 109.º, 1, Cod.MVM);

— A indeterminação dos destinatários não é prejudicada pela circunstância de a oferta se realizar através de múltiplas comunicações padronizadas, ainda que endereçadas a destinatários individualmente identificados (Art. 109.º, 2, Cod.MVM);

— Considera-se também pública (Art. 109.º, 3, Cod.MVM):

a) A oferta dirigida à generalidade dos accionistas de sociedade aberta, ainda que o respectivo capital social esteja representado por acções nominativas;
b) A oferta que, no todo ou em parte, seja precedida ou acompanhada de prospecção ou de recolha de intenções de investimento junto de destinatários indeterminados ou de promoção publicitária;
c) A oferta dirigida a mais de 200 pessoas.

Oferta particular

— São sempre havidas como particulares (Art. 110.º, 1, Cod.MVM):

a) As ofertas relativas a valores mobiliários dirigidas apenas a investidores institucionais actuando por conta própria;
b) As ofertas de subscrição dirigidas por sociedades com o capital fechado ao investimento do público à generalidade dos seus accionistas, fora do caso previsto na alínea b) do n.º 3 do artigo anterior.

— As ofertas particulares ficam sujeitas a comunicação subsequente à CMVM para efeitos estatísticos (Art. 110.º, 2, Cod.MVM).

— A comunicação é feita, em modelo próprio **(Anexo 29)** no prazo de 10 dias a contar da data da emissão dos títulos ou do registo em conta individualizada dos valores escriturais (Reg.CMVM n.os 10 e 37/2000).

Registo prévio

— A realização de qualquer oferta pública está sujeita a registo prévio na CMVM (Art°. 114, 1, Cod.MVM):

— O pedido de registo é instruído com os seguintes documentos (Art. 115.º, 1, Cod.MVM):

a) Cópia da deliberação de lançamento tomada pelos órgãos competentes do oferente e das decisões administrativas exigíveis;
b) Cópia dos estatutos do emitente dos valores mobiliários sobre que incide a oferta;
c) Cópia dos estatutos do oferente;
d) Certidão actualizada do registo comercial do emitente;
e) Certidão actualizada do registo comercial do oferente;
f) Cópia dos relatórios de gestão e de contas, dos pareceres do órgão de fiscalização e da certificação legal de contas do emitente respeitantes aos três últimos exercícios;
g) Cópia dos relatórios de gestão e de contas, dos pareceres do órgão de fiscalização e da certificação legal de contas do oferente respeitantes ao último exercício;
h) Relatório ou parecer de auditor elaborado nos termos dos artigos 8.º e 9.º;
i) Código de identificação dos valores mobiliários que são objecto da oferta;
j) Cópia do contrato celebrado com o intermediário financeiro encarregado da assistência;
l) Cópia do contrato de colocação e do contrato de consórcio de colocação, se existir;
m) Cópia do contrato de fomento de mercado, do contrato de estabilização e do contrato de opção de distribuição de lote suplementar, se existirem;
n) Projecto de anúncio de lançamento;
o) Projecto de prospecto;
p) Estudo de viabilidade, quando exigível.

A junção de documentos pode ser substituída pela indicação de que os mesmos já se encontram, em termos actualizados, em poder da CMVM (Art. 115.º, 2, Cod.MVM).

A CMVM pode solicitar ao oferente, ao emitente ou a qualquer pessoa que com estes se encontra em alguma das situações previstas no n.º 1 do artigo 20.º as informações complementares que sejam necessárias para a apreciação do pedido de registo (Art. 115.º, 3, Cod.MVM).

— REGISTO PRÉVIO DO CONTRATO

Ver igual título no capítulo de **"Sociedades por Quotas"**.

Enumeradas as principais normas que regem a constituição das sociedades anónimas, vejamos, agora, os passos e os documentos necessários à constituição de uma sociedade desse tipo.

— CERTIFICADO DE ADMISSIBILIDADE DE FIRMA OU DENOMINAÇÃO

Deverá proceder-se à sua obtenção nos moldes indicados em igual título no capítulo das sociedades por quotas, com as necessárias adaptações **(Anexo 4)**.

Como aí se disse, o Certificado de Admissibilidade de Firma ou Denominação constitui um dos documentos indispensáveis à celebração da escritura de constituição da sociedade.

— CARTÃO PROVISÓRIO DE IDENTIFICAÇÃO DE SOCIEDADE

— Refere-se, de novo, a utilidade de, conjuntamente com a apresentação do pedido do Certificado de Admissibilidade de Firma ou Denominação, ser apresentado, também, o pedido do Cartão Provisório de Identificação, necessário, designadamente, para promover-se a inscrição da sociedade na Repartição de Finanças, e proceder-se ao pagamento do imposto de selo devido pelos livros da sociedade **(Anexo 5)**.

— REPARTIÇÃO DE FINANÇAS

Ver igual título no capítulo de **"Sociedades por Quotas"** e **anexo 31**.

— CONTRATO

— Deve ser elaborado tendo em atenção as normas prescritas para as sociedades anónimas, e deve conter, necessariamente, os elementos mencionados em **"Contrato Social" (Anexo 22)**.

— Dado que, normalmente, o contrato das sociedades anónimas constitui um documento extenso, aconselha-se que o mesmo seja feito nos termos do Art. 64.º, 2, do Código do Notariado, o que, além do mais, simplifica a elaboração da escritura **(Anexo 22)**.

— GUIA DE DEPÓSITO

— Constitui documento comprovativo do depósito da parte do capital realizado mediante entradas em dinheiro e será exibido no acto da escritura. Tal depósito deve ser efectuado em quaisquer bancos, bem como em outras instituições de crédito autorizadas a receber depósitos do público e que possuam fundos próprios não inferiores a 3,5 milhões de contos (Portaria 228/92, de 25/7), mediante guia de depósito **(Anexo 6)**.

A comprovação do depósito pode também ser feita por declaração dos sócios — Ver **"Capital"**.

— RELATÓRIO DO ROC

— Se a realização do capital consistir em bens diferentes de dinheiro, esses bens deverão ser descritos no contrato social — **Ver anexo 1A ou B** — ou na escritura de constituição, acompanhados de relatório de Revisor Oficial de Contas — ver **"Capital".**

— MODO DE REPRESENTAÇÃO

É aplicável, às sociedades anónimas tudo o que se referiu sob este título, no capítulo das sociedades por quotas — Ver **"Modo de Representação em Sociedades por Quotas".**

— ESCRITURA

Na posse de todos os documentos acabados de descrever, que a seguir se enumeram, conjuntamente com os necessários elementos de identificação dos intervenientes, o Notário celebrará a escritura de constituição da Sociedade **(Anexo 28):**

— **Certificado de Admissibilidade de Firma ou Denominação;**
— **Pacto Social;**
— **Relatório do ROC,** se as entradas de capital consistirem em bens diferentes de dinheiro;
— **Guia de Depósito** se a houver;
— **Identificação dos intervenientes na escritura** (nome, estado, naturalidade, morada, número fiscal de contribuinte e número e data de emissão do respectivo bilhete de identidade);
— **Procuração,** quando algum dos accionistas for representado por essa forma;
— **Certidão da acta do Conselho de Administração,** quando o accionista for uma sociedade anónima, ou **da Assembleia Geral,** quando o mesmo accionista for uma sociedade por quotas. Em qualquer dos casos, pode a representação ser feita, também, por **procuração** — **Ver "Modo de Representação".**
— **Certidão da Conservatória do Registo Comercial,** com o teor da matrícula e de todas as inscrições em vigor, quando o accionista for uma sociedade ou certificado emitido pelo secretário quando este existir **(Anexo 14** — Sociedades por Quotas);
— **Acta e certidão** (equivalente à certidão da Conservatória do Registo Comercial) emitida pela entidade competente, (legalizadas e traduzidas), quando o accionista for uma sociedade estrangeira.

— REGISTOS, INSCRIÇÕES E COMUNICAÇÕES

Celebrada a escritura, deverá proceder-se aos seguintes registos, inscrições e participações:

— COMISSÃO DO MERCADO DE VALORES MOBILIÁRIOS

No caso de oferta particular, deverá, no prazo de 10 dias a contar da data da emissão dos títulos ou do registo em conta individualiza dos valores escriturais, efectuar-se a comunicação do facto à CMVM para efeitos estatísticos (**Anexo 29**).

O boletim de inscrição pode ser remetido por correio ou entregue pessoalmente.

— INSPECÇÃO DO TRABALHO

Antes do início da actividade, deverá proceder-se à comunicação prevista no art. 7.º do Dec.-Lei n.º 491/85 (**Anexo 16**) — Ver **Inspecção do Trabalho I,** no capítulo das **"Sociedades por Quotas"**.

— INSPECÇÃO GERAL DE FINANÇAS

Ver igual título — em **"Sociedades por Quotas"**

— CONSERVATÓRIA DO REGISTO COMERCIAL

Após a celebração de escritura de constituição, haverá que efectuar-se o seu registo e o dos órgãos sociais na Conservatória do Registo Comercial da área da sede da sociedade (Art. 3.º, *a*) e *m*), CRC). (**Anexo 30**).

Se os órgãos sociais tiverem sido designados no contrato, os mesmos ficam automaticamente registados, com o registo deste.

Se a sua eleição se verificou em assembleia geral, deverá requerer-se, em separado, o respectivo registo.

— Documentos

São os seguintes os documentos necessários:

a) **Certidão da escritura**
b) **Certificado de Admissibilidade de Firma ou Denominação**
c) **Duplicado da Declaração de Início de Actividade**

NOTA — Os documentos assinalados em b) e c) são devolvidos pela Conservatória.

d) **Certidão Notarial da Acta da Assembleia Geral,** no caso de os órgãos sociais terem sido eleitos em Assembleia Geral **(Anexo 23).**

O pedido de registo deverá ser apresentado no prazo de três meses a contar da data da celebração da escritura (Art. 15.º, CRC).

— REGISTO NACIONAL DE PESSOAS COLECTIVAS

A constituição das sociedades está sujeita a inscrição no ficheiro central de pessoas colectivas (Art. 36.º do D.L. 42/89, 3/2). **A inscrição é feita oficiosamente, mediante comunicação da competente Conservatória do Registo Comercial.**

— CADASTRO COMERCIAL

Ver igual rubrica em **"Sociedades por Quotas".**

— CADASTRO INDUSTRIAL

A instalação de estabelecimentos industriais constitui objecto de registo obrigatório, para efeito de cadastro industrial (D.L. 97/87, 4/3).

O registo é efectuado no prazo de 30 dias após o início da laboração, pela Direcção Geral da Indústria, mediante a entrega, pelos interessados na delegação regional do Ministério da Indústria e Comércio da área em que o estabelecimento industrial esteja implantado, em mão ou por correio registado, do impresso modelo 387, em duplicado **(Anexo 32).**

— SEGURANÇA SOCIAL

Ver igual título em **"Sociedades por Quotas".**

— CARTÃO DE IDENTIFICAÇÃO

*Ver mesmo título em **"Sociedades por Quotas"***

— PUBLICAÇÕES OBRIGATÓRIAS

1 — É obrigatória a publicação do contrato e da eleição dos órgãos sociais (Art. 70.º, 1 *a*) CRC).

2 — Tais publicações são feitas no Diário da República e num jornal da localidade da sede da sociedade ou da região respectiva, escolhido pelo interessado no momento da apresentação dos documentos para registo na Conservatória do Registo Comercial.

3 — **A publicação é promovida pelo Conservador, no prazo de 30 dias a contar da data da efectivação do registo, a expensas dos interessados (Art. 71.º, 1, CRC).**

— LIVROS OBRIGATÓRIOS

— As sociedades anónimas devem possuir os seguintes livros:

a) Actas
b) Diário
c) Razão
d) Inventário e Balanços
e) Livro de Presenças (Ver **"Lista de Presenças"** na rubrica **"Sociedades Anónimas**).
f) Copiador

— Em princípio, são os seguintes, os livros de actas necessários, numa sociedade anónima:

— Livro de Actas da Assembleia Geral
— Livro de Actas do Conselho de Administração
— Livro de Actas do Conselho Geral
— Livro de Actas da Direcção
— Livro de Actas do Conselho Fiscal
— Livro de Actas da Comissão de Vencimentos (Ver **Remuneração dos Administradores),**

— Todos os livros deverão ser apresentados na Repartição de Finanças da área da sede da sociedade, após feita a sua inscrição, com vista ao pagamento do respectivo imposto de selo (Arts. 130.º, RIS, e 114.º, TGIS), acompanhados do Cartão de Identificação (provisório ou definitivo).

— Os livros "Diário" e "Inventário e Balanço" e o livro de "Actas da Assembleia Geral" deverão ainda ser apresentados na Conservatória do Registo Comercial em que a sociedade foi matriculada, para legalização (Arts. 32.º, CC e 112.º-A, CRC).

— Os livros de "Inventário e Balanços", "Diário" e das "Actas da Assembleia Geral" das sociedades podem ser constituídos por folhas soltas (Art. 31.º, 2, CC).

— As folhas soltas, em conjunto de 60, devem ser numeradas sequencialmente e rubricadas pela gerência ou pela administração, que também lavram os termos de abertura e de encerramento e requerem a respectiva legalização (Art. 31.º, 3, CC).

— NOTÁRIO

Ver igual título em **"Sociedades por Quotas"**.

CAPÍTULO III

SOCIEDADES DIVERSAS

A lei contempla a criação de diversas sociedades, com objecto específico, que podem constituir-se segundo o tipo de sociedade anónima e sociedade por quotas.

Por se tratar de uma sociedade a cuja criação se recorre com frequência, justifica-se uma referência mais detalhada às Sociedades Gestoras de Participações Sociais, abreviadamente conhecidas por SGPS.

Quanto às restantes, limitamos a referência à enumeração das mais significativas, conjuntamente com a legislação específica que regula a sua criação.

1 — SOCIEDADES GESTORAS DE PARTICIPAÇÕES SOCIAIS

A constituição das sociedades gestoras de participações sociais, abreviadamente designadas por **SGPS** ou por **holdings** encontra-se regulada pelos Decs.-Lei n.º 495/88, de 30/12, e 318/94, de 24/12.

Referem-se as normas mais úteis à compreensão deste tipo de sociedades.

— Definição

As sociedades gestoras de participações sociais têm por único objecto contratual a gestão de participações sociais de outras sociedades, como forma indirecta de exercício de actividades económicas (D.L. 495/88, 1,1).

A participação numa sociedade é considerada forma indirecta de exercício da actividade económica desta quando não tenha carácter ocasional e atinja, pelo menos, 10% do capital com direito de voto da sociedade participada, quer por si só, quer através de participações de outras sociedades em que a SGPS seja dominante (D.L. 495/88, 1, 2).

Considera-se que a participação não tem carácter ocasional quando é detida pela SGPS por período superior a um ano (D.L. 495/88, 1, 3).

— Tipo de sociedade e requisitos especiais do contrato

As SGPS podem constituir-se segundo o tipo de sociedades anónimas ou de sociedades por quotas (D.L. 495/88, 2, 1).

O contrato de sociedade deve mencionar expressamente, como objecto único da sociedade, a gestão de participações sociais de outras sociedades, como forma indirecta de exercício de actividades económicas (D.L. 495/88, 2, 2).

A firma das SGPS deve conter a menção "sociedade gestora de participações sociais" ou a abreviatura SGPS, considerando-se uma ou outra dessas formas indicação suficiente do objecto social (D.L.b 495/88, 2, 4).

— Dever de comunicação

Os conservadores do registo comercial comunicarão à Inspecção-Geral de Finanças, com remessa dos textos registados, a constituição de SGPS e as alterações dos respectivos contratos, no prazo de 30 dias contado a partir do registo, ainda que provisório (D.L. 495/88, 9, 1).

A SGPS remeterão anualmente à Inspecção-Geral de Finanças, até 31 de Maio, o relatório e às contas do ano anterior, o inventário das partes de capital incluídas em investimentos financeiros e a indicação dos titulares dos órgãos sociais à data a que se reporta o encerramento das contas, com a menção das alterações ocorridas, durante o respectivo exercício, na composição daqueles órgãos (D.L. 495/88, 9, 2).

2 — SOCIEDADES DE LOCAÇÃO FINANCEIRA (LEASING)

— Decreto-Lei n.° 72/95, de 15/4.

3 — SOCIEDADES DE GESTÃO E INVESTIMENTO IMOBILIÁRIO (SGII)

— Decreto-Lei n.° 135/91, de 2/1.

4 — SOCIEDADES DE DESENVOLVIMENTO REGIONAL

— Decreto-Lei n.° 25/91, de 11/1.

5 — SOCIEDADES DE FAGTORING

— Decreto-Lei n.° 171/95, de 18/7.

6 — SOCIEDADES GESTORAS DE FUNDOS DE PENSÕES

— Decreto Lei n.° 415/91, de 25/10.

7 — SOCIEDADES CORRETORAS E SOCIEDADES FINANCEIRAS DE CORRETAGEM

— Decreto-Lei n.º 229-I/88, de 4/7 e Portaria 866/02, de 24/7.

8 — SOCIEDADES GESTORAS DE PATRIMÓNIOS

—- Decreto-Lei n.° 163/94, de 4/6.

9 — SOCIEDADES GESTORAS DE FUNDOS DE INVESTIMENTO

— Decreto-Lei n.° 276/94, de 2/11, e 308/95, de 20/11.

10 — SOCIEDADES DE FOMENTO EMPRESARIAL

— Decreto-Lei n.º 433/91, de 7/11.

11 — SOCIEDADES FINANCEIRAS PARA AQUISIÇÕES A CRÉDITO (SFAC)

— Decreto-Lei n.º 206/95, de 14/8.

12 — SOCIEDADES DE AGRICULTURA DE GRUPO

— Decreto-Lei n.º 336/89, de 4/10.

13 — SOCIEDADES DE INVESTIMENTO

— Decreto-Lei n.º 260/94, de 22/10.

14 — SOCIEDADES MEDIADORAS DO MERCADO MONETÁRIO E DE CÂMBIOS

— Decreto-Lei n.º 110/94, de 28/4.

15 — SOCIEDADES ADMINISTRADORAS DE COMPRAS EM GRUPO

— Decreto-Lei n.º 237/91, de 2/7.

16 — SOCIEDADES GESTORAS DE CARTÕES DE CRÉDITO

— Decreto-Lei n.º 166/95, de 15/7.

17 — SOCIEDADES DE CAPITAL DO RISCO E DE FOMENTO EMPRESARIAL

— Decreto-Lei n.° 433/91, de 7/11.

CAPÍTULO IV

REPRESENTAÇÃO PERMANENTE DE SOCIEDADE ESTRANGEIRA

A actividade das sociedades estrangeiras em Portugal rege-se pelo art. 4.º, do CSC, nos seguites termos:

1 — A sociedade que não tenha a sede efectiva em Portugal, mas deseje exercer aqui a sua actividade por mais de um ano deve instituir uma representação permanente e cumprir o disposto na lei portuguesa sobre o registo comercial.

2 — A sociedade que não cumpra o disposto no número anterior fica, apesar disso, obrigada pelos actos praticados em seu nome em Portugal e com ela respondem solidariamente as pessoas que os tenham praticado, bem como os gerentes ou administradores da sociedade.

3 — Não obstante o disposto no número anterior, o tribunal pode, a requerimento de qualquer interessado ou do Ministério Público, ordenar que a sociedade que não dê cumprimento ao disposto no n.º 1 cesse a sua actividade no País e decretar a liquidação do património situado em Portugal.

— Registo Comercial

A abertura de representação de sociedade estrangeira está sujeita a registo, nos termos da alínea c), do art. 10.º do CRC (**Outros factos sujeitos a registo**):

c) A criação, a alteração e o encerramento de representações permanentes de sociedades, cooperativas, agrupamentos complementares de empresas e agrupamentos europeus de interesse económico com sede em Portugal ou no estrangeiro, bem como a designação, poderes e cessão de funções dos respectivos representantes.

— Obrigações contabilísticas da representação de sociedade estrangeira

A representação de sociedade estrangeira está sujeita ao regime de qualquer outra sociedade com sede em Portugal, nos termos dos arts. 109.º e 110.º, conjugados com o art. 96.º, todos do CIRC.

Ver rubrica "Repartição de Finanças" no capítulo "Sociedades por Quotas".

— Capital afecto e representante

Poderá ou não afectar-se um determinado capital à abertura da representação de sociedade estrangeira, que não deverá ser inferior a cinco ou cinquenta mil euros, consoante se trate de sociedade por quotas ou anónima. A afectação é feita conjuntamente com a deliberação da abertura da representação, que designará igualmente o representante e estabelecer os respectivos poderes.

— Sede

A abertura de representação estrangeira implica a necessidade de definir-se o local concreto da sede em Portugal.

Documentos necessários relativos à sociedade que pretende abrir a representação:

- — Documento comprovativo do registo da sociedade no organismo oficial competente do país de origem (o equivalente à nossa certidão do registo comercial);
- — Contrato da sociedade que pretende a abertura da representação;
- — Deliberação da sociedade no sentido da abertura da representação em Portugal, de lhe afectar ou não determinado capital e o respectivo valor, no caso de decidir pela afectação, e ainda de designar o seu representante.

Observação: *Estes documentos devem ser traduzidos para português.*

Indicam-se as etapas à abertura de uma representação estrangeira.

— Certificado de admissibilidade de firma ou de denominação

Deverá ser obtido este certificado junto do Registo Nacional de Pessoas Colectivas, mediante o impresso mod. 11 **(Anexo 4, com as necessárias adaptações),** uma vez que o mesmo é necessário a quando do registo da representação na Conservatória do Registo Comercial.

Deverá também, ao mesmo tempo, requerer-se o cartão provisório de identificação de sociedade, necessário para proceder-se à inscrição da sociedade na Repartição de Finanças. **(Anexo 5, com as necessárias adaptações).**

— Repartição de Finanças

Para efeitos do disposto nos artigos 95.º do CIRC e 30.º do IVA, haverá que inscrever a representação na Repartição de Finanças da área da sede, mediante a entrega da Declaração de Início de Actividade (ver igual título no capítulo **"Sociedades por Quotas"**).

— Inspecção do Trabalho

Deverá ser efectuada a comunicação referida no mesmo título do capítulo **"Sociedades por Quotas"**.

— Registo Comercial

O registo é efectuado na respectiva Conservatória do Registo Comercial, mediante a entrega de requisição de registo (**Anexo 18**, com as necessárias adaptações), acompanhada dos seguintes documentos:

— Os enumerados na rúbrica **"Documentos necessários relativos à sociedade que pretende abrir a representação"**;
— Certificado de Admissibilidade;
— Declaração de Início de Actividade.

— Publicações Obrigatórias

A Conservatória Comercial promove a publicação de um extracto que contem o pacto da sociedade e outros elementos julgados necessários.

ANEXOS

— SOCIEDADES POR QUOTAS:

— 1A — Contrato de Sociedade
— 1B — Contrato de Sociedade/Documento Complementar
— 2 — Acta de eleição de Gerentes
— 3 — Acta Sociedade Unipessoal
— 4 — Pedido de Certificado de Admissibilidade de Firma ou Denominação de Pessoa Colectiva
— 5 — Pedido de Cartão de Identificação Provisório
— 6 — Guia de Depósito
— 7 — Procuração de Representação de Sócio
— 8 — Acta de Representação de Sociedade por Quotas
— 9 — Acta de Representação de Sociedade Anónima
— 10 — Procuração de Representação de Sociedade
— 11 — Documento de Representação de Sociedade Estrangeira — Procuração
— 12 — Documento de Representação de Sociedade Estrangeira — Certidão
— 13 — Certificado de Tradução
— 14 — Certificado emitido pelo Secretário
— 15 — Escritura de Constituição
— 16 — Participação à Inspecção Geral do Trabalho
— 17 — Declaração de Início de Actividade
— 18 — Requisição de Registo-Conservatória do Registo Comercial
— 19 — Cadastro Comercial
— 20 — Previdência Social
— 21 — Requisição de Certidão — Conservatória do Registo Comercial

ANEXO 1-A

PACTO SOCIAL
ESTELAR-COMERCIALIZAÇÃO DE PRODUTOS ALIMENTARES, LDA.

ARTIGO PRIMEIRO

A sociedade adopta a denominação de ESTELAR-COMERCIALIZAÇÃO DE PRODUTOS ALIMENTARES, LDA.

ARTIGO SEGUNDO

UM: A sociedade tem sede na Rua da Quinta, número quinze, freguesia de S. Jorge, concelho de Lisboa.

DOIS: Por simples decisão da gerência, poderá a sociedade transferir a sua sede social para qualquer outro local dentro do mesmo concelho ou concelho limítrofe, bem como abrir, transferir ou encerrar sucursais, filiais, agências, ou qualquer outra forma de representação social, em qualquer parte do território nacional.

ARTIGO TERCEIRO

A sociedade tem por objecto a comercialização de produtos alimentares.

ARTIGO QUARTO

1 — O capital social é de cinco mil euros, encontra-se integralmente realizado em dinheiro e corresponde à soma de duas quotas de dois mil e quinhentos euros cada, pertencentes aos sócios Universo-Sociedade de Representações, Lda., e Francisco João.

***NOTA** — No caso de alguma das quotas ser realizada por entradas em espécie, por exemplo, imóveis, haverá que acrescentar-se o seguinte:*

"2. A quota do sócio Franscisco João é realizada com a transferência que faz, neste acto, para a sociedade, do prédio urbano, sito na Lagoa, freguesia de S. Jorge, composto de terreno destinado a construção, descrito na Conservatória do Registo Predial de S. Madalena, sob o número mil e cem, com a transmissão registada a seu favor pela inscrição G-um, inscrito na matriz sob o artigo 500, com o valor patrimonial de setenta e cinco mil escudos e o atribuído de duzentos mil escudos.

ARTIGO QUINTO

1 — É livre a cessão de quotas entre os sócios.

2 — A cessão a estranhos depende do consentimento da sociedade, à qual é atribuído o direito de preferência, em primeiro lugar, e aos sócios não cedentes, em segundo.

ARTIGO SEXTO

1 — A gerência da sociedade, dispensada de caução e com ou sem remuneração, de acordo com o que for deliberado em assembleia geral, compete a dois gerentes, sócios ou não.

2 — Ficam desde já nomeados gerentes, com dispensa de caução, António José e Francisco João. *(Este número omite-se no caso de os gerentes serem eleitos em assembleia geral).*

ARTIGO SÉTIMO

1 — A sociedade fica obrigada pela assinatura de dois gerentes, ou de um gerente e de um procurador, dentro dos limites conferidos na procuração.

2 — É, porém, vedado aos gerentes vincular a sociedade em actos estranhos ao objecto da mesma.

ARTIGO OITAVO

As quotas poderão ser amortizadas nos seguintes casos:

a) Havendo acordo entre a sociedade e o sócio;

b) Em caso de interdição ou inabilitação de qualquer sócio;

c) Quando, em qualquer processo, a quota de um sócio seja objecto de arresto, penhora ou qualquer outro procedimento de que possa resultar a sua alienação judicial;

d) Quando o sócio se tenha apresentado à falência ou seja declarado falido.

ARTIGO NONO

UM: As Assembleias Gerais serão convocadas por carta registada com aviso de recepção, expedidas com a antecedência mínima de quinze dias.

ANEXO 1-B

DOCUMENTO COMPLEMENTAR ELABORADO NOS TERMOS DO NÚMERO DOIS, DO ARTIGO SESSENTA E QUATRO, DO CÓDIGO DO NOTARIADO, QUE FICA A FAZER PARTE DA ESCRITURA LAVRADA A FOLHAS ______ DO LIVRO _____ DO ___ CARTÓRIO NOTARIAL DE _______.

(NOTA — *o texto anterior é introduzido pelo cartório Notarial*)

ARTIGO PRIMEIRO

A sociedade adopta a denominação de ESTELAR-COMERCIALIZAÇÃO DE PRODUTOS ALIMENTARES, LDA.

ARTIGO SEGUNDO

UM: A sociedade tem sede na Rua da Quinta, número quinze, freguesia de S. Jorge, concelho de Lisboa.

DOIS: Por simples decisão da gerência, poderá a sociedade transferir a sua sede social para qualquer outro local dentro do mesmo concelho ou concelho limítrofe, bem como abrir, transferir ou encerrar sucursais, filiais, agências, ou qualquer outra forma de representação social, em qualquer parte do território nacional.

ARTIGO TERCEIRO

A sociedade tem por objecto a comercialização de produtos alimentares.

ARTIGO QUARTO

1 — O capital social é de cinco mil euros, encontra-se integralmente realizado em dinheiro e corresponde à soma de duas quotas de dois mil e quinhentos euros cada, pertencentes aos sócios Universo-Sociedade de Representações, Lda., e Francisco João.

NOTA — No caso de alguma das quotas ser realizada por entradas em espécie, por exemplo, imóveis, haverá que acrescentar-se o seguinte:

"2. A quota do sócio Franscisco João é realizada com a transferência que faz, neste acto, para a sociedade, do prédio urbano, sito na Lagoa, freguesia de S. Jorge, composto de terreno destinado a construção, descrito na Conservatória do Registo Predial de S. Madalena, sob o número mil e cem, com a transmissão registada a seu favor pela inscrição G-um, inscrito na matriz sob o artigo 500, com o valor patrimonial de setenta e cinco mil escudos e o atribuído de duzentos mil escudos.

ARTIGO QUINTO

1 — É livre a cessão de quotas entre os sócios.

2 — A cessão a estranhos depende do consentimento da sociedade, à qual é atribuído o direito de preferência, em primeiro lugar, e aos sócios não cedentes, em segundo.

ARTIGO SEXTO

1 — A gerência da sociedade, dispensada de caução e com ou sem remuneração, de acordo com o que for deliberado em assembleia geral, compete a dois gerentes, sócios ou não.

2 — Ficam desde já nomeados gerentes, com dispensa de caução, António José e Francisco João. *(Este número omite-se no caso de os gerentes serem eleitos em assembleia geral).*

ARTIGO SÉTIMO

1 — A sociedade fica obrigada pela assinatura de dois gerentes, ou de um gerente e de um procurador, dentro dos limites conferidos na procuração.

2 — É, porém, vedado aos gerentes vincular a sociedade em actos estranho ao objecto da mesma.

ARTIGO OITAVO

As quotas poderão ser amortizadas nos seguintes casos:

a) Havendo acordo entre a sociedade e o sócio;
b) Em caso de interdição ou inabilitação de qualquer sócio;
c) Quando, em qualquer processo, a quota de um sócio seja objecto de arresto, penhora ou qualquer outro procedimento de que possa resultar a sua alienação judicial;
d) Quando o sócio se tenha apresentado à falência ou seja declarado falido.

ARTIGO NONO

UM: As Assembleias Geais serão convocadas por carta registada com aviso de repecção, expedidas com a antecedência mínima de quinze dias.

ANEXO 2

ACTA

Aos vinte e um dias do mês de Junho, de mil novecentos e noventa e quatro, na sede, à Rua da Quinta, 15, em Lisboa, reuniu a assembleia geral da sociedade por quotas, denominada ESTELAR — Comercialização de Produtos Alimentares, Lda., com o número provisório de pessoa colectiva 000 000 000, com o capital social de 5.000 euros, consituída por escritura outorgada, nesta data, no 00. Cartório Notarial de Lisboa.

Encontravam-se presentes os sócios, UNIVERSO — Sociedade de Representações, Lda., representada pelo seu gerente António José, e Francisco João, detentores, cada um, de uma quota do valor nominal de duzentos mil escudos.

Ambos os sócios manifestaram a sua vontade, nos termos do artigo 64.º do Código das Sociedades Comerciais, no sentido de que a assembleia se reunisse e deliberasse, tendo como ponto único da ordem de trabalhos a nomeação de gerentes.

Presidiu à reunião o representante da sócia UNIVERSO, LDA.

Foi deliberado, por unanimidade, nomear gerentes António José e Francisco João.

Mas foi deliberado não atribuir aos gerentes, qualquer remuneração das suas funções *(ou atribuir a cada um dos gerentes a remuneração de 000 euros/mês, com efeitos desde a presente data).*

Nada mais havendo a tratar, foi encerrada a reunião, dela se lavranso a presente acta que foi aprovada e assinada.

ANEXO 3

ACTA

Aos vinte e um dias do mês de Março, de mil novecentos e noventa e sete, na sede, à Rua da Quinta, 15, em Lisboa, António José, único sócio da ESTELAR — Comercialização de Produtos Alimentares — Sociedade Unipessoal, Lda., pessoa colectiva n.º 000 000 000, com o capital social de 5.000 euros, matriculada na Conservatória do Registo Comercial de Lisboa sob o n.º 00000, deliberou nomear gerentes da sociedade os Snrs. João Gonçalo e Fernando Reis.

Deliberou ainda não atribuir aos gerentes, qualquer remuneração pelo exercício das suas funções (ou atribuir a cada um dos gerentes a remuneração de 000 euros/mês, com efeitos desde a presente data).

ANEXO 4

MINISTÉRIO DA JUSTIÇA *Registo Nacional de Pessoas Colectivas*	**PEDIDO DE CERTIFICADO DE ADMISSIBILIDADE DE FIRMA OU DENOMINAÇÃO**

ANTES DE PREENCHER, LEIA TODO O IMPRESSO, BEM COMO AS INFORMAÇÕES ÚTEIS EM ANEXO

1 IDENTIFICAÇÃO DO REQUERENTE DE FIRMA OU DENOMINAÇÃO

UNIVERSO-SOCIEDADE DE REPRESENTAÇÕES, LDA.

Bilhete de identidade n.º ☐☐☐☐☐☐☐☐☐ NIPC n.º 0 0 0 0 0 0 0 0 0

2 FIRMA OU DENOMINAÇÃO PRETENDIDA POR ORDEM DE CRESCENTE DE PREFERÊNCIA

1.ª ESTELAR-COMERCIALIZAÇÃO DE PRODUTOS ALIMENTARES, LDA.

2.ª SANTAR - " " " " "

3.ª BEIRA - " " " " "

3 NATUREZA JURÍDICA DA ENTIDADE A CONSTITUIR OU ALTERAR (*)

SOCIEDADE POR QUOTAS

4 SEDE LOCAL no concelho de

LISBOA

5 OBJECTO SOCIAL

COMERCIALIZAÇÃO DE PRODUTOS ALIMENTARES

(se a indicação do objecto social não couber neste espaço use folha anexa para o descrever)

6 ASSINATURA E ENDEREÇO DA PESSOA QUE SUBSCREVE O PEDIDO

Local e data LISBOA, 00 de 00 de 0000

Endereço postal RUA DA QUINTA, 15 – 0000-000 LISBOA

Assinatura ____________ Telefone ____________

(*) No caso de se tratar de alteração de entidade já constituída deve preencher no verso a rubrica 7 - ALTERAÇÃO

CERTIFICADO DE ADMISSIBILIDADE DE FIRMA OU DENOMINAÇÃO

O Registo Nacional de Pessoas Colectivas certifica a admissibilidade da seguinte firma ou denominação

com o requerente, o objecto e a sede acima indicados, e com as condições eventualmente constantes do verso.

O presente certificado é valido por CENTO E OITENTA DIAS, desde que autenticado com selo branco, sem rasuras, emendas ou entrelinhas não devidamente ressalvadas e trancados os espaços em branco nas correspondentes rubricas.

Registo Nacional de Pessoas Colectivas,
O Director,

Mod. 11 DGRN/RNPC – Preço 100$00 ORIGINAL

CONDIÇÕES DE VALIDADE

REVALIDAÇÕES (só válidas desde que autenticadas com o selo branco do Registo Nacional de Pessoas Colectivas):

Certificado revalidado por 180 dias (art. 53.º, n.º 4, do DL 129/98, de 13 de Maio). Lisboa, O Director,	Certificado revalidado por 180 dias (art. 53.º, n.º 4, do DL 129/98, de 13 de Maio). Lisboa, O Director,	Certificado revalidado por 180 dias (art. 53.º, n.º 4, do DL 129/98, de 13 de Maio). Lisboa, O Director,

__ª Cartório Notarial de ________ Escritura celebrada em __/__/__ O(a) ________ (b) ________ (c) ________ (a) Cargo (b) Assinatura (c) Nome	Cons.ª do Reg. Com. de ________ Matrícula ________ em __/__/__ O(a) ________ (b) ________ (c) ________ (a) Cargo (b) Assinatura (c) Nome

7 ALTERAÇÃO

No caso de alteração de entidade já constituída indique, relativamente à alteração que se pretende:

☐ Firma ou denominação actual ________

☐ Sede actual no concelho de ________

☐ Objecto social actual ________

____

____

(se a indicação do objecto social não couber neste espaço use folha anexa para o descrever)

☐ ________

INSTRUÇÕES DE PREENCHIMENTO

1 IDENTIFICAÇÃO DO REQUERENTE DE FIRMA OU DENOMINAÇÃO

Indique o nome de quem pretende requerer a **constituição** da sociedade (ou outro tipo de pessoa colectiva) e o respectivo número de bilhete de identidade, no caso de ser pessoa singular. No caso de o requerente ser uma pessoa colectiva, indique a sua denominação ou firma e o respectivo NIPC (número de identificação de pessoa colectiva). Se pretender **alterar** sociedade ou pessoa colectiva já existente, indique a respectiva firma e NIPC.

2 FIRMA OU DENOMINAÇÃO PRETENDIDA POR ORDEM DECRESCENTE DE PREFERÊNCIA

Se não estiver familiarizado com as disposições legais que regem a composição das firmas ou denominações, deve consultar a parte II "INFORMAÇÕES ÚTEIS".

3 NATUREZA JURÍDICA DA ENTIDADE A CONSTITUIR OU A ALTERAR

Indique a forma jurídica da pessoa colectiva que pretende constituir: sociedade por quotas, sociedade unipessoal por quotas, sociedade anónima, sociedade em nome colectivo, sociedade em comandita, sociedade civil sob forma comercial, associação, fundação, cooperativa, união/federação/confederação de cooperativas, estabelecimento individual de responsabilidade limitada, agrupamento complementar de empresas, agrupamento europeu de interesse económico, pessoa colectiva religiosa ou representação de pessoa colectiva estrangeira.

4 SEDE SOCIAL

Deve indicar o concelho onde a entidade a constituir vai ter a sua sede ou para onde a vai mudar.

5 OBJECTO SOCIAL

É obrigatória a indicação do objecto social (actividades exercidas ou a exercer pela pessoa colectiva em constituição ou alteração). Se não couber nas linhas reservadas para o efeito, use folha anexa para o descrever. Devem ser claramente indicadas as actividades a desenvolver.

6 ASSINATURA E ENDEREÇO DA PESSOA QUE SUBSCREVE O PEDIDO

O pedido pode ser assinado pelo próprio interessado na constituição ou alteração da pessoa colectiva, ou por mandatário – advogado, solicitador ou agente da Propriedade Industrial – devendo neste caso apor o carinho próprio.

7 ALTERAÇÃO

No caso de pretender alterar uma pessoa colectiva já constituída preencha o n.º 7 no verso do impresso.

ANEXO 5

MINISTÉRIO DA JUSTIÇA *Registo Nacional de Pessoas Colectivas*	PEDIDO DE INSCRIÇÃO/CARTÃO DE IDENTIFICAÇÃO

ANTES DE PREENCHER, LEIA TODO O IMPRESSO, BEM COMO AS INFORMAÇÕES EM ANEXO

1 Número de identificação (NIPC) (a) ☐☐☐☐☐☐☐☐☐

2 ESTE PEDIDO DESTINA-SE A:

☐ **1.ª Inscrição** ☐ **Inscrição de alterações** ☒ **Cartão de identificação** ☒ Provisório ☐ 2.ª via ☐ Definitivo

No caso de alteração, indique qual ou quais: ______

3 FIRMA, DENOMINAÇÃO OU NOME

ESTELAR-COMERCIALIZAÇÃO DE PRODUTOS ALIMENTARES, LDA.

4 SEDE SOCIAL DO ESCRITÓRIO OU DO EXERCÍCIO DE ACTIVIDADE

Localidade LISBOA

(Rua, praça, avenida, etc., n.º e andar) RUA DA QUINTA, 14

Código postal 0000-000

Freguesia de S. JORGE

Concelho de LISBOA Distrito/Região Autónoma ______

5 CARACTERIZAÇÃO JURÍDICA

SOCIEDADE POR QUOTAS

6 OBJECTO SOCIAL

COMERCIALIZAÇÃO DE PRODUTOS ALIMENTARES

(se a indicação do objecto social não couber neste espaço use folha anexa para o descrever)

☐☐☐☐☐ Actividade principal ______

☐☐☐☐☐ Actividade secundária ______

7 SITUAÇÃO

☐ em actividade ☐ dissolvida ☐ extinta ☐ cessou definitivamente a actividade

8 LOCAL, DATA E ASSINATURA DA PESSOA QUE SUBSCREVE O PEDIDO

Local e data LISBOA, 00 de 00 de 0000

Assinatura ______

Mod. 10 DGRN/RNPC – Preço 100$00

(continua no verso)

TALÃO DE LEVANTAMENTO DE CARTÃO DE IDENTIFICAÇÃO DE PESSOA COLECTIVA OU ENTIDADE EQUIPARADA

A PREENCHER PELO REQUERENTE EM LETRA BEM LEGÍVEL

☒ Cartão provisório ☐ Cartão definitivo

Firma, Denominação ou Nome: ESTELAR-COMERCIALIZAÇÃO DE PRODUTOS ALIMENTARES, LDA.

A PREENCHER PELOS SERVIÇOS

Data prevista para a entrega ______

ATENÇÃO:
A APRESENTAÇÃO DESTE TALÃO É INDISPENSÁVEL PARA O LEVANTAMENTO DO CARTÃO

9 A PREENCHER PELOS EMPRESÁRIOS INDIVIDUAIS (b)

Data do início da actividade ___/___/_____ N.º do bilhete de identidade ☐☐☐☐☐☐☐☐☐

Declaro, por minha honra, que são exactas as declarações constantes deste pedido

Declaro ainda que possuo capacidade comercial, escolaridade obrigatória e não estou judicialmente interdito(a) da actividade comercial *(riscar se não for comerciante)*.

Assinatura (igual à do bilhete de identidade) ________________________________

10 A PREENCHER NO CASO DE PESSOA COLECTIVA DE DIREITO PRIVADO

Data da constituição ___/___/____ (___.º Cartório Notarial de ________________________)

Capital social: ____________________ (c) No caso de alteração de capital indique o anterior ______________ (c)

11 ORGANISMOS E SERVIÇOS DA ADMINISTRAÇÃO PÚBLICA

Data da criação/reorganização ___/___/____ Decreto-Lei ___/___/____, de ___ de ______________

A PREENCHER PELO SERVIÇO DE RECEPÇÃO DO PEDIDO

Carimbo de serviço de recepção	Forma de pagamento: ☐ Numerário Multibanco ☐ Cheque n. º ______________ do Banco ____________________ ☐ Guia de depósito na Caixa Geral de Depósitos à ordem do Registo Nacional de Pessoas Colectivas na conta n.º 697 801 748 926 (o duplicado da guia deve acompanhar o presente impresso) da importância de _________ Ass: ________________ em ___/___/___

DOCUMENTOS EXIBIDOS

____

____

____

A PREENCHER PELO RNPC

Registo de dados	☐ Expedição de cartão pelo correio ☐ Remessa do cartão à recpção
___/___/___	___/___/___
________________	________________

(a) A preencher pelo requerente se já tiver n.º de identificação (NIPC).

(b) A preencher também pelo cabeça de casal nas heranças indivisas.

(c) Indicar "contos" ou "euros", consoante o caso.

NOTA

Os dados pessoais relativos a empresários individuais têm por finalidade a identificação do requerente e são processados automaticamente. O acesso às informações é facultado ao próprio que tem direito à correcção dos dados inexactos.
A inexactidão dos dados declarados é passível de penalização nos termos das disposições legais aplicáveis.

ANEXO 6

GUIA DE DEPÓSITO

Vai a sociedade UNIVERSO-SOCIEDADE DE REPRESENTAÇÕES, LDA., pessoa colectiva n.º 000 000 000, com sede em Lisboa, na Rua do Bonfim, 17, depositar no Banco Nacional, dependência de S. António, a quantia de 5.000 (cinco mil) euros, em nome da sociedade comercial por quotas, a constituir, com a denominação de ESTELAR — COMERCIALIZAÇÃO DE PRODUTOS ALIMENTARES, LDA., com sede na Rua da Quinta, 15, em Lisboa, correspondente à soma das entradas em dinheiro pelos sócios:

— Universo — Sociedade de Representações, Lda., – 2.500 euros
— Francisco João .... 2.500 euros

Este depósito é constituído no stermos do art. 202.º, n.º 3, do Código das Sociedades Comerciais — Dec.-Lei n.º 262/86, de 2 de Setembro, com a redacção que lhe foi dada pelo Dec.-Lei n.º 280/87, de 8/7, e fica à ordem da referida sociedade.

Lisboa, 17 de Junho de 1994

ANEXO 7

PROCURAÇÃO

Aos vinte dias do mês de Junho de mil novecentos e noventa e quatro, perante mim, Maria da Conceição, primeira ajudante do 000000 Cartório Notarial de 00000, compareceram como outorgantes os Senhores Francisco João, natural de Lisboa, freguesia de S. António, e mulher Francisca Amélia, natural de Lisboa, freguesia da Madragoa, casados no regime da comunhão geral, ambos residentes na mesma cidade, na Rua da Luz, 55-4.º, contribuintes fiscais n.os 000000000 e 000000000, respectivamente.

Verifiquei pelo meu conhecimento pessoal a identidade dos outorgantes. ________

E por eles foi dito: que constituem seu bastante procurador o Snr. Gonçalo Manuel, casado, residente em Lisboa, na Praceta da Trindade, vinte, a quem conferem poderes para, com os demais interessados, constituir a sociedade por quotas, que vai usar a denominação de ESTELAR-Comercialização de Produtos Alimentares, Lda., com o capital social de cinco mil euros, na qual o mandante marido vai subscrever uma quota do valor nominal de dois mil e quinhentos euros, estabelecendo e aceitando as cláusulas do pacto social nos termos que entender, podendo ainda nomear quaisquer gerentes. ________

Mais lhe conferem poderes para outorgar a correspondente escritura e assinar o que necessário for para os indicados fins. ____

Esta procuração foi lida e o seu conteúdo explicado em voz alta aos outorgantes na presença simultânea dos mesmos.

ANEXO 8

ACTA

Aos quinze dias do mês de Junho, de mil novecentos e noventa e quatro, na sede, à Rua da Foz 415, em Lisboa, reuniu o Conselho de Administração da CONSTELAR — Sociedade de Representações, Sa., pessoa colectiva n.º 000000000, com o capital social de 50.000 euros, matriculada na Conservatória do Registo Comercial de Lisboa sob o n.º 00.000, com a presença de todos os seus membros.

O Conselho deliberou, por unanimidade, aprovar a participação da CONSTELAÇÃO no capital de 5.000 euros, da sociedade por quotas, a constituir com a denominação de ESTELAR — Comercialização de Produtos Alimentares, Lda., subscrevendo uma quota do valor nominal de 000 euros.

Mais deliberou delegar no administrador Francisco João os poderes necessários para outorgar a correspondente escritura, estabelecendo e aceitando as cláusulas do pacto social nos termos que entender e nomear gerentes, se tal se tornar necessário.

Nada mais havendo a tratar, foi encerrada a reunião, dela se lavrando a presente acta que foi aprovada e assinada.

ANEXO 9

ACTA

Aos dezasseis dias do mês de Junho, de mil novecentos e noventa e quatro, na sede, à Rua do Bonfim, 17-3.º, 15, em Lisboa, reuniu assembleia geral da sociedade por quotas, denominada UNIVERSO — Sociedade de Representações, Lda., pessoa colectiva n.º 000 000 000, com o capital social de 5.000 euros, matriculada na Conservatória do Registo Comercial de Lisboa sob o n.º 00.000.

Encontravam-se presentes os sócios Francisco João, detentor de uma quota do valor nominal de 3.000 euros, e Mário Adrião, detentor de uma quota do valor nominal de 2.000 euros.

Ambos os sócios manifestaram a sua vontade, nos termos do artigo 54.º do Código das Sociedades Comerciais, no sentido de que a assembleia se constituísse e deliberasse, com a seguinte ordem de trabalhos:

1 — Participação da Universo em sociedade a constituir

2 — Nomeação de representante.

Presidiu à reunião, o sócio Francisco João (*nos termos do Art. 284.º, 4, CSC*).

No tocante ao primeiro ponto da ordem de trabalhos, os sócios deliberaram por unanimidade, a subscrição por parte da Universo, de uma quota, do valor nominal de 000 euros, no capital de 000 euros, da sociedade por quotas, a constituir com a denominação de ESTELAR — Comercialização de Produtos Alimentares, Lda.

Quanto ao ponto dois da mesma ordem, foi deliberado, igualmente por unanimidade, delegar poderes no gerente Francisco João para outorgar a correspondente escritura, estabelecendo e aceitando as cláusulas do pacto social, nos termos que entender, e nomear gerentes, se tal se tornar necessário.

Nada mais havendo a tratar, foi encerrada a reunião, dela se lavrando a presente acta que foi aprovada e assinada.

ANEXO 10

PROCURAÇÃO

Aos vinte dias do mês de Junho de mil novecentos e noventa e quatro, perante mim, Maria da Conceição, primeira ajudante do 000000 Cartório Notarial de 00000, compareceram como outorgantes os Senhores António José, casado, natural de Lisboa, freguesia do Castelo, residente na mesma cidade, na Rua de S. Francisco, número dez, e João Pedro, casado, natural de Lisboa, freguesia da S. Cristóvão, residente na mesma cidade, na Calçada de Santarém, número seis, que outorgam na qualidade de gerentes da UNIVERSO — Comercialização de Representações, Lda., com sede em Lisboa, na Rua do Bonfim, dezassete, terceiro, pessoa colectiva com o número 000000000, com o capital social de 5.000 euros, matriculada na Conservatória do Registo Comercial de Lisboa sob o número 00.000. ____

Verifiquei pelo meu conhecimento pessoal a identidade dos outorgantes, a qualidade que lhes fica atribuída e os poderes de representação para este acto. ________

E por eles foi dito: que constituem bastante procurador da mandante, Gonçalo Manuel, casado, residente em Lisboa, na Praceta da Trindade, vinte, a quem conferem poderes para, com os demais interessados, constituir a sociedade por quotas, que vai usar a denominação de ESTELAR — Comercialização de Produtos Alimentares, Lda., com o capital social de cinco mil euros, na qual a mandante vai subscrever uma quota do valor nominal de dois mil e quinhentos euros, estabelecendo e aceitando as cláusulas do pacto social nos termos que entender, podendo ainda nomear quaisquer gerentes. ______

Mais lhe conferem poderes para outorgar a correspondente escritura e assinar o que necessário for para os indicados fins. ______________________________

Esta procuração foi lida e o seu conteúdo explicado em voz alta aos outorgantes na presença simultânea dos mesmos. ________________________________

ANEXO 11

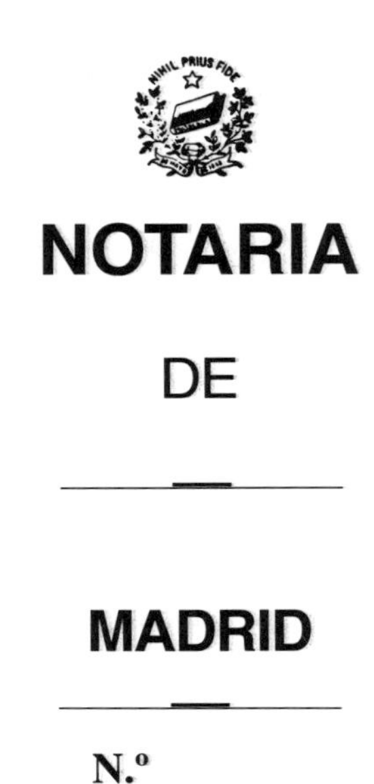

N.º

CÓPIA DE LA ESCRITURA DE APODERAMENTO OTORGADO POR

A FAVOR DE

ANEXO 12

Registro Mercantil de Madrid

CERTIFICATION

ANEXO 13

CERTIFICADO DE TRADUÇÃO

...., certifica que, perante si, compareceu, hoje, João Gonçalo, solteiro, maior, natural de ...., freguesia de ...., residente na Rua ...., pessoa cuja identificação verifiquei através do seu Bilhete de Identidade número ...., de ...., emitido pelo ...., o qual declarou, por sua honra, que esta é a tradução fiel do documento anexo, escrito em língua *francesa*, tendo eu, ajudante do Cartório, rubricado o documento traduzido e a tradução, e tendo o tradutor assinado esta e rubricado aquele. ______________________

O presente certificado, que foi lido em voz alta ao tradutor, vai ser assinado por este e por mim, e ligado ao documento traduzido.

Local e data

ANEXO 14

CERTIFICADO EMITIDO PELO SECRETÁRIO DA SOCIEDADE

João Gonçalo de Gouveia, secretário da sociedade denominada UNIVERSO--SOCIEDADE DE REPRESENTAÇÕES, LDª, pessoa colectiva n.º 000 000 000, CERTIFICA, nos termos do disposto na al. b), do artigo 446.º B, do Código das Sociedades Comerciais, relativamente à mesma sociedade, o seguinte:

— **Matrícula na Conservatória do Registo Comercial de** __ - N.º 00000;
— **Sede** - Rua do Bonfim, 17-3.º, em Lisboa;
— **Objecto** - Comércio de Representações;
— **Capital** - 5.000 euros;
— **Sócios e quotas** - António José e Francisco João, com uma quota de 2.500 euros, cada;
— **Gerentes:** António José e Francisco João;
— **Forma de obrigar** - a) pela assinatura de dois gerentes; b) pela assinatura de um gerente e de um procurador, dentro dos poderes conferidos na procuração.

Emitido em ___ de ___ de ___

O Secretário

ANEXO 15

CONSTITUIÇÃO DE SOCIEDADE

No dia vinte e um de Junho de mil novecentos e noventa e quatro, no ________ CARTÓRIO NOTARIAL DE LISBOA ____, perante mim, Licenciado em Direito, ____________________ o respectivo Notário, compareceram como outorgantes:

PRIMEIRO

António José, casado, natural da freguesia do Socorro, de Lisboa, onde tem domicílio na Rua de S. Francisco, 10, segundo, que outorga na qualidade de gerente da "UNIVERSO" — SOCIEDADE DE REPRESENTAÇÕES, LDA., Pessoa Colectiva n.º 000 000 000, com sede em Lisboa, na Rua do Bonfim, 17-3.º, matriculada na Conservatória do Registo Comercial de Lisboa, son o número 00.000, com o capital social de cinco mil euros, — como declarou.

SEGUNDO

Francisco João, casado no regime da comunhão geral com Amélia de Jesus, natural da freguesia de S. António, concelho de S. Francisco, residente em Lisboa, na Rua da Luz, 55-4.º, contribuinte fiscal n.º 000 000 000, como declarou:

E DISSERAM:

Que a representada do primeiro e o segundo outorgante constituem uma sociedade por quotas, denominada "ESTELAR — COMERCIALIZAÇÃO DE PRODUTOS ALIMENTARES, LDA.", com sede na Rua da Quinta, 15, em Lisboa, freguesia de S. João, com o capital social de cinco mil euros, subscrito, em partes iguais, por ambos os sócios, e está totalmente realizado, em dinheiro.

Que a sociedade tem como objecto a comercialização de produtos alimentares e reger-se-á pelos artigos constantes do documento complementar, elaborado nos termos do número 2 do artigo 64.º do Código do Notariado, que fica a fazer parte integrante desta escritura e que os outorgantes declaram ter lido, tendo perfeito conhecimento do seu conteúdo, pelo que é dispensada a sua leitura.

Que para fazer face às despesas com a aquisição do mobiliário e equipamento necessários à instalação dos serviços da sociedade, nos termos do disposto na alínea *b*) do artigo 277.º do Código das Sociedades Comerciais, fica desde já autorizada a gerência, que vier a ser eleita, ao levantamento da importância, depositada em conta aberta em nome da sociedade, no Banco Nacional.

ASSIM O DISSERAM E OUTORGARAM

ARQUIVO: — o documento complementar a que atrás se fez alusão — fotocópia certificada da acta da assembleia geral da sociedade representada do primeiro outorgante.

EXIBIRAM: o certificado de admissibilidade da denominação adoptada, que tem o número 00000, no Registo Nacional de Pessoas Colectivas, válido por cento e oitenta dias, a contar de 1 de Junho de 1994; o duplicado da guia de depósito do capital social realizado, efectuado em 17 de Junho no Banco Nacional.

Dou fé da identidade dos outorgantes, o primeiro por ser pessoalmente meu conhecido e o segundo através da exibição do seu bilhete de identidade n.º 0000000, emitido em Lisboa em 29 de Fevereiro de mil novecentos e oitenta e oito.

Adeverti os outorgantes da obrigação que têm de proceder ao registo destes actos, na competente Conservatória, no prazo legal.

Esta escritura foi lida, em voz alta, aos outorgantes, e feita a explicação do seu conteúdo, na sua presença simultânea.

ANEXO 16

À
Inspecção Geral do Trabalho

Exm.^{os} Senhores,

Pela presente, comunicamos a V. Ex.^{as} os elementos a que se refere o Art. 7.º, do Dec.-Lei n.º 491/85, de 26/11:

— Denominação:
— Objecto:
— Local de trabalho:
— Gerentes ou administradores (identificação e domicílio):
— N.º de trabalhadores:

Com os nossos cumprimentos,

ANEXO 17

MINISTÉRIO DAS FINANÇAS
DIRECÇÃO-GERAL DOS IMPOSTOS

DECLARAÇÃO DE INSCRIÇÃO NO REGISTO/ INÍCIO DE ACTIVIDADE

(Espaço reservado à microfilmagem)

IMPOSTO SOBRE O VALOR ACRESCENTADO
IMPOSTO SOBRE O RENDIMENTO

01 ÁREA DA SEDE, ESTABELECIMENTO ESTÁVEL OU DOMICÍLIO
Concelho

02 NIF (NÚMERO DE IDENTIFICAÇÃO FISCAL) 1

03 USO EXCLUSIVO DOS SERVIÇOS
3 (Início de Actividade)
4 (Reinício de Actividade)
5 (Substituição ao Início)

04 NOME COMPLETO DO SUJEITO PASSIVO, SEDE, LOCAL DO ESTABELECIMENTO ESTÁVEL OU DOMICÍLIO

Nome: ESTELAR - COMERCIALIZAÇÃO DE PRODUTOS ALIMENTARES, LDA.

Rua, Praça, Avenida, Lugar, etc.: RUA DA QUINTA — Número: 15 — Andar, Sala, etc.

Localidade: LISBOA — Freguesia: S. JORGE — Telefone

Concelho: LISBOA — Código Postal: 0000-000 — País

Sujeitos passivos de IRS: A morada indicada corresponde ao local do estabelecimento principal? SIM 1 NÃO 2 Se respondeu não, indique o local do estabelecimento no quadro 22

05 TIPO DE SUJEITO PASSIVO

IRS — CAT. B: Rend. Empresariais 1; Rend. Profissionais 22; Herança indivisa 18; EIRL 19

IRC: Sociedade por Quotas X 2; Sociedade Unipessoal por Quotas 21; Sociedade Anónima 3; Sociedade Irregular 5; Outras Sociedades 14; Cooperativa 4; Empresa Pública 6; Estabelecimento Estável 7; ACE e AEIE 15; Estado 10; Autarquia Local 11; Associação ou Fundação 13; Outras Pessoas Colect. Dirt. Público 12; Não residente s/ Estab. Estável 16; Outros/ Mod. 22 8

05-A SOCIEDADES ABRANGIDAS POR LEIS ESPECIAIS
SAD 1; SDR 2; SFE 3; SGE 4; SGII 5; SGJ 6; SGP 7; SGPS 8; SLJ 9; Outras 10

06 IRC REGIME DE TRIBUTAÇÃO
Regime Geral 1; Não Sujeição 2; Isenção Definitiva 3; Isenção Temporária 4; Redução de taxa 5

07 CONTRATO DE SOCIEDADE OU DATA DO REGISTO
Contrato de sociedade, estatuto ou escritura de EIRL: publicado no Diário da República, n.º 1 000 de 2 0000 00 00 (ANO MÊS DIA) ou, na sua falta, a data do registo 3 (ANO MÊS DIA) na Conservatória do Registo Comercial 4 de

08 ACTIVIDADES EFECTIVAMENTE EXERCIDAS
Se for um Acto Isolado em IVA, assinale 5
ACTIVIDADE PRINCIPAL: CAE 1 — CIRS 2 — Descrição
OUTRAS ACTIVIDADES: CAE 3 — CIRS 4 — Descrição

09 DADOS RELATIVOS À ACTIVIDADE ESPERADA (a)

- Data do início de actividade 1 0000 00 00 (ANO MÊS DIA)

Para enquadramento em IVA:
- Efectua importações? (só de países fora da UE) Sim 2 Não 3
- Efectua aquisições intracomunitárias? Sim 6 Não 7
- Efectua exportações? (só para países fora da UE) Sim 4 Não 5
- Efectua transmissões intracomunitárias? Sim 8 Não 9

ASSINALE SE INDICA VALORES EM: CONTOS 16 ou EURO 17

- DADOS REFERIDOS A 10 MESES DO ANO DE 11
- Volume de Negócios (vendas + prestações de serviços) 12
  Se for sujeito passivo com rendimentos da categoria B do IRS e código de actividade de comércio a retalho (CAE 52...), indique:
- Volume total de compras (mercadorias e outros bens armazenáveis destinados a consumo ou transformação) 13
- Volume de compras de bens destinados a venda sem transformação (mercadorias) 14
- Volume de serviços prestados não isentos de IVA 15

Para enquadramento em IR:
- Valor total anual dos proveitos estimado (IRC)
- Volume de vendas anual estimado (IRS) } 18
- Valor anual ilíquido estimado dos restantes rendimentos da cat B (IRS) 19

(a) OU VERIFICADA quando houver entrega da declaração por força do art.º 58.º, n.º 2, do Código do IVA

10 USO EXCLUSIVO DOS SERVIÇOS

ENQUADRAMENTO DEFINIDO PELO SF EM IR:
- Regime Simplificado (art.º 31.º do CIRS ou art.º 46.º-A do CIRC) 18

ENQUADRAMENTO DEFINIDO PELO SF EM IVA: (Por Opção)
- Regime Especial de Isenção, art.º 53.º 1 / 9
- Regime Especial dos Pequenos Retalhistas 2 / 9
- Regime Normal { Trimestral 3 / 10; Mensal 4 / 11 }
- Transmissões de bens e ou prestações de serviços isentas que não conferem o direito à dedução (Isenção, art.º 9.º) 5
- Regimes Especiais de Tributação 6
- Aquisições Intracomunitárias de bens nas condições previstas no campo 8 do quadro 11 ou no campo 4 do quadro 13 7 / 12
- Transmissões Intracomunitárias de bens nas condições previstas no campo 9 do quadro 11 ou no campo 5 do quadro 13 (vendas à distância a particulares) 8 / 13
- Acto Isolado 14

Enquadramento a vigorar a partir de 15 (ANO MÊS DIA)
Cod. do Serviço de Finanças 16
Data de recepção 17 (ANO MÊS DIA)
(Carimbo)
N.º de entrada

Modelo n. 1698 (Exclusivo da INCM, S. A.)

PREÇO: 50$00 — € 0,25

1 001021 447002

11 IVA — TIPO DE OPERAÇÕES

No exercício da sua actividade efectua (assinale 1 ou 2 ou ambos, conforme a situação)

A - Transmissões de bens e ou prestações de serviços que conferem o direito à dedução .. [1]
- Transmissões de bens e ou prestações de serviços isentas que não conferem o direito à dedução .... [2]

- Se assinalou apenas 1 ou apenas 2, passe ao quadro seguinte.

B - Vai efectuar a dedução do imposto suportado segundo a AFECTAÇÃO REAL (artº 23º, nº 2)?

Sim [3] — De todos os bens e serviços utilizados .... [5]
— De parte dos bens e serviços utilizados .... [6]

Não [4]

Nestes casos, indique a percentagem estimada (*pro rata*) que utilizará para efectuar a dedução do imposto suportado (artº 23º, nº 4) .... [7] %

TRANSACÇÕES INTRACOMUNITÁRIAS DE BENS CUJA REALIZAÇÃO DETERMINA A OBRIGAÇÃO DE REGISTO POR FORÇA DOS ARTS 25º . E 26º . DO RITI (SE ESSE REGISTO FOR EFECTUADO POR OPÇÃO, ASSINALE ESSE FACTO NO QUADRO 13).

- Se, embora não sujeito ou isento nos termos do Código do IVA, realiza aquisições intracomunitárias que, por ultrapassarem o limite previsto na alínea c) do nº. 1 do artº. 5º. do Regime do IVA nas Transacções Intracomunitárias, está obrigado a registar-se por força do artº. 25º do mesmo diploma, assinale .... [8]
- Se é sujeito passivo não residente sem qualquer estabelecimento estável em território nacional e efectua transmissões de bens para adquirentes não registados em IVA em Portugal (« vendas à distância» a particulares) que, por estarem enquadrados no artº. 11º do Regime do IVA nas Transacções Intracomunitárias, o obriga a registo por força do artº 26º. do mesmo diploma, assinale .... [9]

12 IVA — PRÁTICA DE OPERAÇÕES IMOBILIÁRIAS

(DECRETO-LEI Nº 241/86, DE 20 DE AGOSTO)

Se assinalou o campo 2 do quadro anterior (transmissões de bens e ou prestações de serviços isentas que não conferem o direito à dedução) e pretende renunciar às isenções referidas nos nºs 30 e 31 do artº 9º do CIVA, optando pela aplicação do imposto às transmissões ou locações de bens imóveis ou partes autónomas, assinale .... [1]

ATENÇÃO: Para exercer o direito a esta renúncia deverá requerer, de acordo com o estabelecido no nº 6 do artº 12º do CIVA, os respectivos certificados.

13 IVA — OPÇÃO POR REGIME DE TRIBUTAÇÃO (se não pretende exercer qualquer opção, passe ao quadro seguinte)

- Se pretende exercer o direito à **opção**, reunindo para tal as necessárias condições, indique o regime pelo qual opta (artºs 12º, 55º e 63º do CIVA) ....
  - REGIME NORMAL .... [1]
  - REGIME ESPECIAL DOS PEQUENOS RETALHISTAS ... [2]

TRANSACÇÕES INTRACOMUNITÁRIAS DE BENS

- Se, apesar de não ter sido ultrapassado o limite previsto na al. c) do nº 1 do artº 5º do Regime do IVA nas Transacções Intracomunitárias, pretende exercer o direito de opção previsto no nº 3 do mesmo artigo, assinale .... [4]
- Se a obrigação de registo resultar de opção efectuada em outro Estado membro, de acordo com o disposto na al. b) do nº 2 do artº 11º do Regime do IVA nas Transacções Intracomunitárias, assinale .... [5]

14 IVA — OPÇÃO RELATIVA À PERIODICIDADE DE IMPOSTO

Se reunir condições para ficar enquadrado no **regime normal** ou se assinalou no quadro 13 o campo 1 e pretende optar pela periodicidade mensal, assinale (nº 3 do artº 40º do CIVA) .... [1]

15 IVA e IRC — NÚMERO DE IDENTIFICAÇÃO BANCÁRIA (NIB) PARA EFEITOS DE REEMBOLSOS

INDIQUE, relativamente à conta escolhida para efeitos de pagamento de reembolsos (arts 22º, nº 5, e seguintes do CIVA e nº 3 do artº 82º do CIRC)

		Número de Identificação Bancária (NIB)
IVA	[1]	[3]
IRC	[2]	[4]

16 — INFORMAÇÕES RELATIVAS À CONTABILIDADE

- Possui contabilidade organizada?
  - Sim [2] — Por opção [9] / Por exigência legal [10]
  - Não [1]

TIPO DE CONTABILIDADE: Informatizada [3] / Não informatizada [4]

LOCAL DA CENTRALIZAÇÃO DA CONTABILIDADE: Sede [5] / Outro [6]

- Número de identificação fiscal do técnico oficial de contas [7]
- Número de inscrição na ATOC [8]

Indicar o local onde se encontra centralizada a contabilidade, se diferente da sede ou domicílio

Rua, Praça, Avenida, Lugar, etc. | Localidade | Código postal

17 — RELAÇÃO DOS SÓCIOS-GERENTES, DIRECTORES, ADMINISTRADORES, GERENTES, MEMBROS DO CONSELHO FISCAL, SÓCIOS DE SOCIEDADES IRREGULARES E CABEÇA-DE-CASAL OU ADMINISTRADOR CONTITULAR DA HERANÇA INDIVISA

NOME	NÚMERO DE IDENTIFICAÇÃO FISCAL	CARGO
Nome	1	
Nome	2	
Nome	3	
Nome	4	
Nome	5	
Nome	6	
Nome	7	
Nome	8	

NO CASO DE TER UTILIZADO O QUADRO 40 OU FOLHA ANEXA PARA CONTINUAÇÃO DESTA RELAÇÃO, ASSINALE [ ]

18 IVA — **REGIMES ESPECIAIS DE TRIBUTAÇÃO**

DECRETO-LEI Nº 122/88, DE 20 DE ABRIL

Artº 9º - Vendas de peixe, crustáceos e moluscos efectuadas pelas lotas
Se o imposto relativo a estas operações é entregue ao Estado pelas lotas em substituição dos pescadores ou armadores por conta de quem as vendas são efectuadas, assinale [1]

Artº 10º - Substituição da responsabilidade pela entrega do imposto:
Se é revendedor directo e o imposto relativo às operações realizadas no âmbito desta disposição legal é entregue ao Estado por empresa previamente autorizada, assinale [2]

e indique, em relação a essa empresa, o NIF [3] e a sua designação social

Outros Regimes - assinale [5]

19 IRS e IRC — **OPÇÃO PELO REGIME DE CONTABILIDADE ORGANIZADA (IRS) OU PELO REGIME GERAL DE DETERMINAÇÃO DO LUCRO TRIBUTÁVEL (IRC)**

- Reunindo os pressupostos de inclusão no regime simplificado de tributação previsto nos artigos 31º do CIRS ou 46º-A do CIRC, assinale:

[1] **IRS** - Opto pelo regime de contabilidade organizada. **SIM** [3] **NÃO** [5]

[2] **IRC** - Opto pelo regime geral de determinação do lucro tributável. **SIM** [4] **NÃO** [6]

20 IRC — **PERÍODO DE TRIBUTAÇÃO RELATIVO A SUJEITO PASSIVO COM SEDE NO ESTRANGEIRO**

Não tendo sede nem direcção efectiva em território português, mas dispondo neste de estabelecimento estável, pretende, ao abrigo do nº 2 do artº 7º do CIRC, adoptar período de tributação diferente do ano civil? SIM [1] NÃO [2]

Se assinalou [1], indique a data de início do respectivo período [3] ANO MÊS DIA

21 IR e IVA — **REPRESENTANTE(S) DE ENTIDADE NÃO RESIDENTE SEM ESTABELECIMENTO ESTÁVEL**

- Assinale para que efeitos se destina a representação

Número de identificação fiscal — Nome

[1] IR [3]

[2] IVA [4]

22 IRS e IVA — **ESTABELECIMENTO PRINCIPAL OU LOCAL DO EXERCÍCIO DE ACTIVIDADE (CASO SEJA DIFERENTE DO DOMICÍLIO FISCAL)**

Rua, Praça, Avenida, Lugar, etc. — Número — Andar, Sala, etc

Localidade — Freguesia — Telefone

Código Postal — Concelho — Código do SF [1]

23 IR — **ACEITAÇÃO DA REPRESENTAÇÃO**

Local e Data — ANO MÊS DIA

Representação prevista no nº. 2 dos arts.101º do CIRC e 120º do CIRS.

Declaro aceitar a representação de

Assinatura

30 — **A PRESENTE DECLARAÇÃO CORRESPONDE À VERDADE E NÃO OMITE QUALQUER INFORMAÇÃO PEDIDA**

(Vinheta do técnico oficial de contas)

Local e Data: LISBOA — ANO MÊS DIA

Nome e assinatura do técnico oficial de contas

Nome

Assinatura

Assinatura do sujeito passivo ou do seu representante legal

Número de identificação fiscal do representante legal [1]

40 — **OBSERVAÇÕES**

Indicações Gerais

No acto da entrega da declaração será sempre exigido o cartão de identificação fiscal, quer de pessoa singular, quer de pessoa colectiva, ou documento emitido pelo Ministério da Justiça, assim como cartões de identificação fiscal ou fotocópias, comprovantes dos números de identificação fiscal indicados nos quadros 16, 17, 18, 21 e 30.

Número de declarações a apresentar - Ainda que a obrigatoriedade da apresentação da declaração surja por força das disposições contidas em mais do que um dos Códigos referidos, haverá apenas lugar à entrega de uma única declaração em **TRIPLICADO**, independentemente do número de estabelecimentos e ou tipo de actividade.

Local - Poderá ser apresentada em qualquer Serviço de Finanças.

Quando - Antes do início de actividade.

Para os sujeitos passivos cuja inscrição no Registo Nacional de Pessoas Colectivas é legalmente exigida, por força do CIRC, a apresentação desta declaração poderá ter lugar até 90 dias contados dessa inscrição; no entanto para efeitos de IVA, esta declaração deverá ser apresentada antes de iniciada a actividade (nº 1 do artº 30º do CIVA)

QUADRO 01	ÁREA DA SEDE, DO ESTAB. ESTÁVEL OU DOMICÍLIO

- Indicar a área do Serviço de Finanças competente.
  Se a sede ou domicílio se situar no estrangeiro, inscrever o Serviço de Finanças da área fiscal do estabelecimento estável no território nacional ou, na sua falta, o da sede ou domicílio do representante.
- Na falta de representante legal, por força do nº 2 do Artº 27º do RITI, é competente o Serviço de Finanças de Lisboa 3.

QUADRO 02	NIF - NÚMERO DE IDENTIFICAÇÃO FISCAL

- Indicar o NIF de **pessoa singular** atribuído pela Direcção-Geral dos Impostos (Min. das Finanças) ou o NIF **de pessoa colectiva ou equiparada** atribuído pelo Registo Nacional de Pessoas Colectivas (Min.da Justiça)

QUADRO 04	NOME COMPLETO DO SUJEITO PASSIVO, SEDE, LOCAL DO ESTABELECIMENTO ESTÁVEL OU DOMICÍLIO

Indique:

- Nome ou denominação social, igual ao que consta do cartão de identificação ou do documento emitido pelo Ministério da Justiça.
- A localização da sede, estabelecimento estável ou domicílio fiscal.
- Se for uma entidade não residente sem estabelecimento estável indique, o nome, a morada do representante e o país.

QUADRO 05	TIPO DE SUJEITO PASSIVO

- Assinale com **X** a natureza jurídica correspondente, se auferir rendimentos empresariais e ou profissionais sujeitos à cat. B do IRS assinale os campos **1** e ou **22**.
- Os campos **7** e **16** são destinados aos sujeitos passivos que não tenham sede nem direcção efectiva em território português, assinalando-se o campo **7** se possuir estabelecimento estável neste território e o campo **16** na situação inversa.

QUADRO 05-A	SOCIEDADES ABRANGIDAS POR LEIS ESPECIAIS

- Assinale com **X** a abreviatura correspondente à lei especial pela qual fica abrangida:
  SAD - Sociedades Anónimas Desportivas;
  SFE - Sociedades de Fomento Empresarial;
  SGII - Sociedades de Gestão e Investimento Imobiliário;
  SGP - Sociedades Gestoras de Património;
  SLJ - Sociedades de Liquidatários Judiciais;
  SDR - Sociedades de Desenvolvimento Regional;
  SGE - Sociedades Gestoras de Empresas;
  SGJ - Sociedades de Gestores Judiciais;
  SGPS - Sociedades Gestoras de Participações Sociais;
  OUTRAS - assinale se não for nenhuma das anteriores

QUADRO 06	REGIME DE TRIBUTAÇÃO

- Assinale em sede de IRC o regime de tributação

QUADRO 07	CONTRATO DE SOCIEDADE OU DATA DO REGISTO

- Indique a referência da publicação no Diário da República do contrato de sociedade, estatuto ou escritura, ou na sua falta, a data e a Conservatória do Registo Comercial onde foi efectuado o respectivo registo.

QUADRO 08	ACTIVIDADES EFECTIVAMENTE EXERCIDAS

- Assinale com um **X**, no campo **5**, **somente**, se o motivo deste Início de Actividade for um Acto Isolado em IVA (nº 2 do artº 30º do CIVA)
- Considere actividade principal a exercida em mais larga escala nos campos **1** e ou **2** e indique-a, e a actividade acessória nos campos **3** e ou **4**.

QUADRO 09	DADOS RELATIVOS A ACTIVIDADE ESPERADA

CAMPO 1 - Se o início já se tiver verificado antes do ano de 1986 e a respectiva data não for conhecida, bastará assinalar o ano do início (ou zeros, se também este não for conhecido).

CAMPO 2 e ou 4 - Só deverá assinalar estes campos se os bens em causa forem oriundos ou se destinarem a um país ou território terceiro, entendendo-se como tal o que dispõem as alíneas c) e d) do nº 2 artigo 1º do CIVA.

CAMPOS 6, 7, 8 e 9 - Trocas Intracomunitárias: deve entender-se por "trocas intracomunitarias" as compras e vendas de bens de ou para países da União Europeia.

CAMPOS 10 e 11 - Inscrever, respectivamente, o número de meses e ano a que se reporta o início de actividade. No número de meses a indicar, devera incluir também o próprio mês a que se reporta o início de actividade.

CAMPO 12 - Indique em milhares de escudos (CONTOS) ou unidade EURO o volume de negócios esperado até ao final do ano (no caso de início de actividade) ou o efectivamente verificado no ano anterior (no caso de entrega da declaração por força do artigo 58º do CIVA).

CAMPOS 13 a 15 - Estes campos, relevantes para a definição do enquadramento (Regime de Tributação) devem ser preenchidos apenas pelos sujeitos passivos abrangidos pelo artigo 60º e seguintes do CIVA (Regime Especial dos Pequenos Retalhistas do IVA).

CAMPOS 16 e 17 - Assinalar se os valores constantes neste quadro estão em CONTOS ou em EURO.

CAMPO 18 - O valor a inscrever deverá corresponder ao valor das vendas de mercadorias e produtos, previsivelmente obtido se a actividade fosse desenvolvida durante todo o ano para os contribuintes tributados em sede de IRS, ou o valor total anual dos proveitos estimados, que corresponde ao total dos proveitos (calculados de harmonia com as regras previstas para o preenchimento do campo A112 do quadro 03 do Anexo A da declaração anual), determinados nos termos acima referidos para os contribuintes sujeitos a IRC.

CAMPO 19 - O valor a inscrever será o correspondente ao valor das prestações de serviços e outros proveitos previsivelmente obtidos se a actividade fosse desenvolvida durante todo o ano.

QUADRO 10	ENQUADRAMENTO DEFINIDO PELO SERVIÇO DE FINANÇAS

- Este quadro deverá ser obrigatoriamente preenchido pelo Serviço de Finanças, que nele indicará qual o enquadramento - regime de tributação - (campos 1 a **14** e **18**) resultante dos dados da declaração, bem como a data a partir da qual o mesmo produz efeitos (campo **15**). Este enquadramento, a averbar pelo Serviço de Finanças nos três exemplares da declaração e no momento da sua apresentação, vinculará os Serviços e o sujeito passivo quanto às obrigações estabelecidas para o respectivo regime de tributação nos CIVA, CIRS e CIRC. Por esta razão, todas as dúvidas devem aí ser completamente esclarecidas.

QUADRO 11	TIPO DE OPERAÇÕES

- Assinalará o campo **1** se no exercício da sua actividade efectuar apenas transmissões de bens e ou prestações de serviços que conferem o direito à dedução; assinalará o campo **2** se no exercício da sua actividade efectuar apenas transmissões de bens e ou prestações de serviços isentas que não conferem direito à dedução (são as que constam dos nºs 1 a 32 e 36 e seguintes, todos do artigo 9º do CIVA)
- Se assinalou simultaneamente os campos **1 e 2**, indique se o método a adoptar será Afectação Real (campos **3** e **5** ou **6**) ou Prorata (campo **4**). Se assinalou os campos **4** ou **6**, indique qual a percentagem do prorata no campo **7**.

CAMPOS 8 ou 9 - Campos a preencher, exclusivamente, para os sujeitos passivos numa destas condições (Só deverá assinalar um destes campos caso o regime de tributação em causa não resulte do exercício do direito de opção, situação em que assinalará o quadro 13).

QUADRO 12	PRÁTICA DE OPERAÇÕES IMOBILIÁRIAS

- Destina-se exclusivamente, aos sujeitos passivos que, ao abrigo do D.L. nº 241/86, de 20 de Agosto, pretendam optar pela liquidação do IVA às transmissões ou locações de bens imóveis ou partes autónomas destes.
- Os sujeitos passivos que, nos termos do nº 4 do artigo 12º do CIVA, pretendam renunciar às isenções referidas nos nºs 30 e 31 do artigo 9º ficam obrigados ao envio da respectiva declaração prevista na alínea c) do nº 1 do artigo 28º nos prazos enunciados no artigo 40º.

NOTA: Aconselha-se a leitura dos artigos do CIVA citados, bem como do D.L. nº 241/86, de 20 de Agosto.

QUADRO 13	OPÇÃO POR REGIME DE TRIBUTAÇÃO

CAMPO 1 - Esta opção destina-se aos sujeitos passivos que, encontrando-se nalguma das situações a seguir indicadas, pretendam a aplicação do Regime Normal do imposto às suas operações tributáveis.

a) Efectuem transmissões de bens e ou prestações de serviços isentas que não conferem o direito a dedução (isenção-artigo 9º) e, podendo, queiram renunciar à isenção, nos termos do nº 1 do artigo 12º do CIVA;

b) Isentos nos termos do artigo 53º do CIVA ,ou com condições para ficarem enquadrados no Regime Especial dos Pequenos Retalhistas, mas que pretendam renunciar a tal isenção ou regime especial, de acordo com o nº 1 do artigo 55º ou nº 1 do artº 63º do CIVA.

CAMPO 2 - Esta opção destina-se apenas aos sujeitos passivos que aufiram rendimentos da categoria B (empresariais e profissionais) do IRS,e que sendo retalhistas (CAE 52...), isentos nos termos do artigo 53º do CIVA, pretendam renunciar a tal isenção e optar pelo Regime Especial dos Pequenos Retalhistas , nos termos do nº 1 do artigo 55º do CIVA.

NOTA: Tendo exercido o direito à opção, o sujeito passivo ficará vinculado ao regime pelo qual optou durante um período de, pelo menos, **cinco** anos.

CAMPO 4 - Assinale apenas quando pretenda exercer o direito à opção e se encontre nas condições aí descritas.

CAMPO 5 - Assinale apenas quando o regime de tributação ao qual se encontra vinculado ("vendas à distancia" a particulares) resulta do exercício do direito à opção efectuado num outro Estado da UE.

QUADRO 14	OPÇÃO RELATIVA À PERIODICIDADE DE IMPOSTO

- Podendo exercer o direito à opção pela periodicidade mensal e tendo-o feito, assinalando o campo 1, ficará vinculado ao envio das Declarações Periódicas Mensais por um período **mínimo de três anos**.

QUADRO 15	NÚMERO DE IDENTIFICAÇÃO BANCÁRIA (NIB) PARA EFEITOS DE REEMBOLSOS

- Informação para efeitos de reembolso por transferência bancária.
- Os dados a inscrever nos campos **3** e ou **4** são os relativos a conta escolhida, para efeitos de IVA e ou IRC, devendo, em caso de dúvida, solicitar os necessários esclarecimentos na entidade bancária respectiva.

NOTA: Os campos **3** e **4** não podem conter espaços em branco ou traços.

QUADRO 16	INFORMAÇÕES RELATIVAS A CONTABILIDADE

- Indique se possui ou é obrigado a possuir, por exigência legal, contabilidade organizada.
- Em caso afirmativo, indique o tipo de contabilidade, bem como o local onde se encontra centralizada.
- Nos campos **7** e **8** indique, respectivamente, o NIF de pessoa singular do técnico oficial de contas e o número de inscrição na ATOC.

QUADRO 17	RELAÇÃO DOS SÓCIO-GERENTES, DIRECTORES, ADMINISTRADORES, GERENTES, MEMBROS DO CONSELHO FISCAL, SÓCIOS DE SOCIEDADES IRREGULARES E CABEÇA-DE-CASAL OU ADMINISTRADOR CONTITULAR DA HERANÇA INDIVISA

- Deverá indicar o nome, número de identificação fiscal e cargo das pessoas singulares ou colectivas que desempenham funções abrangidas pelo título do quadro ou tenham funções similares, incluindo o dono do estabelecimento individual de responsabilidade limitada (EIRL).
- Nos casos em que o número de linhas não seja suficiente, será efectuado o necessário desenvolvimento no quadro 40 ou em folhas de formato A4 a anexar à declaração.

QUADRO 18	REGIMES ESPECIAIS DE TRIBUTAÇÃO

- A 1ª parte deste quadro destina-se apenas aos sujeitos passivos que se encontrem nas situações descritas no D.L. nº 122/88, de 20 de Abril, e que **exclusivamente** exerçam as actividades nele contempladas, ficando para o efeito, com um enquadramento específico, designado "**Regime Especial de Tributação**".

CAMPO 1 - A assinalar pelos sujeitos passivos que exerçam actividades de pescador ou armador, sendo a liquidação e entrega do IVA correspondente às vendas de peixe, crustáceos e moluscos efectuadas pelas lotas em sua substituição.

CAMPOS 2 E 3 - A assinalar pelos sujeitos passivos que se encontrem na situação ali descrita e que reúnam as condições previstas no referido decreto-lei, indicando ainda o NIF e a designação social da empresa para a qual prestam serviços.

CAMPO 5 - A assinalar pelos sujeitos passivos que fiquem abrangidos por outro regime especial de tributação diferente do previsto no D.L. nº 122/88, de 20 de Abril, indicando no quadro 40 a legislação aplicável.

QUADRO 19	OPÇÃO PELO REGIME DE CONTABILIDADE ORGANIZADA (IRS) OU PELO REGIME GERAL DE DETERMINAÇÃO DO LUCRO TRIBUTÁVEL (IRC)

- **Contribuintes tributados em sede de IRS** - Se reunir as condições previstas no artº 31º do CIRS, para ficar enquadrado no regime simplificado de tributação, **e pretende optar** pelo regime de contabilidade organizada assinale os campos **1** e **3**.
- **Contribuintes tributados em sede de** IRC - Se reunir as condições para inclusão no regime simplificado de tributação previsto no artº 46º-A do CIRC, **e pretende optar** pelo regime geral de determinação do lucro tributável assinale os campos **2** e **4**.

QUADRO 21	REPRESENTANTE(S) DE ENTIDADE NÃO RESIDENTE SEM ESTABELECIMENTO ESTÁVEL

- Este quadro, destina-se a dar cumprimento aos artigos 120º do CIRS, 101º do CIRC, 24º do RITI e 29º do CIVA. O Número de Identificação Fiscal do representante da entidade sem estabelecimento estável em território português, a inscrever nos campos **3** e ou **4**, será o constante do cartão de pessoa colectiva ou o de pessoa singular, consoante o caso.
- **A aceitação da representação será efectuada no quadro 23 da presente declaração.**

QUADRO 22	ESTAB. PRINCIPAL OU LOCAL DO EXERCÍCIO DE ACTIVIDADE (CASO SEJA DIFERENTE DO DOMICÍLIO FISCAL)

- Unicamente para os sujeitos passivos de IRS que esperem obter rendimentos da categoria B e cujo estabelecimento principal ou local do exercício de actividade, não coincida com o do domicílio fiscal referido no quadro 04 da declaração.

QUADRO 30	ENCERRRAMENTO

- As declarações deverão ser assinadas pelo sujeito passivo ou seu representante legal, bem como pelo técnico oficial de contas, quando for obrigatório a sua assinatura, caso em que também deverá apor, no espaço a ela destinado, a vinheta emitida pela Associação de Técnicos Oficiais de Contas, indicando na sua falta o número de inscrição na Associação.
- Quando a declaração for apresentada pelo representante do sujeito passivo, este deverá, para além da assinatura, indicar o NIF no campo **1**.
  As declarações não assinadas serão recusadas.

ANEXO 18

Requisição de REGISTO

Conservatória do Registo Comercial de LISBOA

Apresentante

Nome e estado António José, casado

Residência Rua de S. Francisco, em Lisboa

B.I. nº 000000, de 00 / 00 / 00, de 0000 Telef.

Apresentações — Preparo — Rubrica do funcionário

N.os — Inicial ... $

Data __ / __ / __ Complementar __ / __ / __ $

Total ... $

1 - (a) Coluna reservada aos serviços.
(b) Indicação do nº de ordem dos actos pedidos.

2 - Os documentos devem ser relacionados a seguir a cada acto, por alíneas.

Certidões ou fotocópias de processos:
nº e ano do processo e tribunal.

instrumentos notariais: natureza, data, livro, folhas e cartório

Certidões de registo civil: espécie, nº e ano do assento e conservatória.

Outras certidões: espécie, data e repartição emitente.

3 - Entidades matriculadas: indicar o nº da matrícula.

Entidades não matriculadas: indicar o nome, firma ou denominação.

4 - Os pedidos são separados por um traço horizontal e a requisição é assinada no final

(a)	(b)	ACTOS DE REGISTO/DOCUMENTOS	MATRÍCULAS
	1º	CONSTITUIÇÃO	
		DOCUMENTOS:	ESTELAR - COMERCIALIZA-
		a) Certidão da Escritura outorgada em	ÇÃO DE PRODUTOS
		94.06.21, no -- Cartório Notarial de Lisboa	ALIMENTARES, LDA
		a fls. 00, do Livro B-00;	
		b) Certificado de Admissibilidade, emitido	
		pelo RNPC, em --/--/--;	
		NOTA: Se os gerentes tiverem sido eleitos	
		pela assembleia geral, terá que acrescentar-se	
		o seguinte:	
	2º	ELEIÇÃO DOS GERENTES:	
		— António José, casado, residente na Rua de	
		S. Francisco, em Lisboa, e	
		— Francisco João, casado, residente na	
		Rua da Luz, em Lisboa	
		DOCUMENTOS:	
		a) Certidão da acta da assembleia de	
		--/--/--, emitida pelo 00 Cartório Notarial	
		de Lisboa, em --/--/--	

REQ. ______

REG. ______

Mod. nº 232

DECLARAÇÕES COMPLEMENTARES / ASSINATURA

Notificação efectuada em ___ / ___ / ___
Desistência do pedido em ___ / ___ / ___
Devolução dos documentos em ___ / ___ / ___
Reclamação hierárquica (conta) em ___ / ___ / ___
Recurso em ___ / ___ / ___
Execução para pagamento de conta:
Enviada a conta à DGRN em ___ / ___ / ___
Enviada a conta a Tribunal em ___ / ___ / ___
Trânsito em julgado em ___ / ___ / ___

quanto às apresentações ____________________
Rubrica do apresentante ____________________
Resultado ____________________

Pago em ___ / ___ / ___
Reg. nº ____________________

ANEXO 19

MINISTÉRIO DA JUSTIÇA

DIRECÇÃO-GERAL DO COMÉRCIO E DA CONCORRÊNCIA

Av. Visconde de Valmôr, 72
1069-041 Lisboa
Telef. 21 791 91 00
Fax 21 791 92 91
E-mail:
dgcomconc@mail.telepac.pt

PEDIDO DE INSCRIÇÃO

ESTABELECIMENTO COMERCIAL

Decreto-Lei n.º 462/99, de 5 de Novembro

USO EXCLUSIVO DA DGCC

ANTES DE PREENCHER ESTE IMPRESSO LEIA AS NOTAS EXPLICATIVAS E AS INSTRUÇÕES

01 - TIPO DE MOVIMENTO

INSCRIÇÃO ☐ ALTERAÇÃO À INSCRIÇÃO ☐ ...VIA DO TÍTULO DE INSCRIÇÃO ☐
ENCERRAMENTO ☐

ELEMENTOS DE IDENTIFICAÇÃO DO TITULAR DO ESTABELECIMENTO

02 - FIRMA/DENOMINAÇÃO SOCIAL

E S T E L A R - C O M E R C I A L I Z A Ç Ã O D E P R O D U T O S A L I M E N -
T A R E S, L D A

03 - NÚMERO DO CARTÃO DE IDENTIFICAÇÃO DO RNPC 0 0 0 0 0 0 0 0 0 0

04 - ENDEREÇO DA SEDE RUA/AV./PRAÇA R U A D A Q U I N T A 1 5

LOCALIDADE L I S B O A

CÓDIGO POSTAL 0 0 0 0 0 0 0 ______ DISTRITO ☐☐ ______

CONCELHO ☐☐ LISBOA ______ FREGUESIA ☐☐ S. JORGE

ELEMENTOS DE IDENTIFICAÇÃO DO TITULAR DO ESTABELECIMENTO

05 - NOME/INSÍGNIA

06 - ENDEREÇO RUA/AV./PRAÇA

LOCALIDADE

CÓDIGO POSTAL ______ DISTRITO ☐☐ ______

CONCELHO ☐☐ ______ FREGUESIA ☐☐ ______

07 - NÚMERO DE PESSOAS AO SERVIÇO 0 0

08 - NÚMERO DE CAIXAS DE SAÍDA ☐☐☐

09 - ÁREA DE VENDA ☐☐☐☐☐ m2

10 - MÉTODO DE VENDA TRADICIONAL ☐ LIVRE SERVIÇO ☐ OUTRO ☐

11 - LOCALIZAÇÃO DO ESTABELECIMENTO EM ARRUAMENTO ☐ EM MERCADO ☐ EM CENTRO COMERCIAL ☐ OUTRA ☐

12 - ACTIVIDADE ECONÓMICA EXERCIDA NO ESTABELECIMENTO DATA DE INÍCIO DE ACTIVIDADE 0 0 0 0 0 0 0 0

COMÉRCIO POR GROSSO ☒
COMÉRCIO A RETALHO ☐ EM ESTABELECIMENTO ☐ OUTRAS FORMAS: VENDA AO DOMICÍLIO ☐ / VENDA POR CORRESPONDÊNCIA/À DISTÂNCIA ☐ / VENDA AUTOMÁTICA ☐

13 - ACTIVIDADE ECONÓMICA EXERCIDA NO ESTABELECIMENTO

1 - ASSINALE COM X NO VERSO DESTE IMPRESSO A ACTIVIDADE OU ACTIVIDADES ECONÓMICAS EXERCIDAS
2 - DAS ACTIVIDADES ECONÓMICAS ASSINALDAS INDIQUE A PRINCIPAL ☐☐

RESPONSÁVEL PELO PREENCHIMENTO ....
TELEFONE (........) .... FAX (.......) ....
E-MAIL ....

ASSINATURA ....

DATA ..../....../..........

Após registo pela Direcção-Geral do Comércio e da Conservatória, *MANTENHA ESTE DOCUMENTO NO RESPECTIVO ESTABELECIMENTO*

Impresso de preenchimento obrigatório do Art. 5.º do D.L. 462/99, de 5/11, constituindo a sua falta ou inexactidão co???-ordenação punível nos termos do Art. 13.º do mesmo diploma. Os dados recolhidos são, na sua totalidade, processados automaticamente e destinam-se a identificar a caracterizar os estabelecimentos comerciais (n.º 1 do Art. 2.º do D.L. n.º 462/99, de 5/11, constituindo uma base de dados para o estudo e análise so sectorcomercial. O ficheiro informatizado encontra-se registado na Comissão Nacional de Protecção de Dados e está sob a responsabilidade da Direcção de Serviços de Estatísticas e Sistemas de Informação da Direcção-Geral do Comércio e da Concorrência, sita na Av. Visconde de Valmôr, 72, em Lisboa, onde o interessado pode verificar, pessoalmente ou por escrito, a exactidão dos seus registos informáticos

Classificação Portuguesa de Actividades Económicas CAE-REV-2

COMÉRCIO POR GROSSO

01 ☐ 50100 - Comércio por Grosso de Veículos Automóveis
02 ☐ 50308 - Comércio por Grosso de Peças e Acessórios para Veículos Automóveis
03 ☐ 50401 - Comércio por Grosso de Mtociclos de suas Peças e Acessórios

04 ☐ 51211 - Comércio por Grosso de Cereais, Sementes, Leguminosas e Oleaginosas
05 ☐ 51212 - Comércio por Grosso de Alimentos para Animais
06 ☐ 51220 - Comércio por Grosso de Flores e Plantas
07 ☐ 51230 - Comércio por Grosso de Animais Vivos
08 ☐ 51240 - Comércio por Grosso de Peles e Couro
09 ☐ 51250 - Comércio por Grosso de Tabaco em Bruto (não transformado)

10 ☒ 51311 - Comércio por Grosso de Frutas e ProdutosHortícolas, excepto Batata
11 ☒ 51312 - Comércio por Grosso de Batata
12 ☒ 51320 - Comércio por Grosso de Carne e de Produtos à base de Carne
13 ☒ 51331 - Comércio por Grosso de Leite, seus Derivadis e Ovos
14 ☒ 51240 - Comércio por Grosso de Azeite, Óleos e Gorduras Alimentares
15 ☒ 51341 - Comércio por Grosso de bebidas Alcoólicas
16 ☐ 51342 - Comércio por Grosso de bebidas não Alcoólicas
17 ☐ 51350 - Comércio por Grosso de Tabaco (cigarros, cigarrilhas, etc)
18 ☐ 51361 - Comércio por Grosso de Açúcar
19 ☐ 51362 - Comércio por Grosso de Chocolates e de Produtos de Confeitaria
20 ☐ 51370 - Comércio por Grosso de Café, Chá, Cacau e Especiarias
21 ☐ 51361 - Comércio por Grosso de Peixe, Crustáceos e Moluscos
22 ☐ 51382 - Comércio por Grosso de Outros Produtos Alimentares, n.e.
23 ☐ 51390 - Comércio por Grosso não especializado de ProdutosAlimentares Bebidas e Tabaco

24 ☐ 51410 - Comércio por Grosso de Têxteis
25 ☐ 51421 - Comércio por Grosso de Vestuário e Acessórios
26 ☐ 51422 - Comércio por Grosso de Calçado
27 ☐ 51430 - Comércio por Grosso de Electrodomésticos, Aparelhos de Rádio e de Televisão
28 ☐ 51441 - Comércio por Grosso de Louças em Cerâmica e em Vidro
29 ☐ 51442 - Comércio por Grosso de Papéis de Parede e de Produtos de Limpeza
30 ☐ 51450 - Comércio por Grosso de Perfumes e de Produtos de Higiene
31 ☐ 51460 - Comércio por Grosso de Produtos Farmacêuticos
32 ☐ 51471 - Comércio por Grosso de Artigos de Papelaria
33 ☐ 51472 - Comércio por Grosso de Livros, Revistas e Jornais
34 ☐ 51473 - Comércio por Grosso de Brinquedos, Jogos e Artigos de Desporto
35 ☐ 51474 - Comércio por Grosso de Móveis e de Artigos de Mobiliário para uso Doméstico, Carpetes e Revestimentos Similares para o Chão
36 ☐ 51475 - Comércio por Grosso de Outros Bens de Consumo, n.e.

37 ☐ 51510 - Comércio por Grosso de Combustíveis Líquidos, Sólidos, Gasosos e Produtos Derivados
38 ☐ 51520 - Comércio por Grosso de Minérios e Metais
39 ☐ 51531 - Comércio por Grosso de Madeira em Bruto e de Produtos Derivados
40 ☐ 51532 - Comércio por Grosso de Materiais de Construção (excepto madeira)e Equipamento sanitário
41 ☐ 51540 - Comércio por Grosso de Ferragens, Ferramentas Manuais e Artigos para Canalizações e Aquecimento
42 ☐ 51550 - Comércio por Grosso de Produtos Químicos
43 ☐ 51561 - Comércio por Grosso de Fibras Têxteis, Naturais, Artificiais e Sintécticas
44 ☐ 51562 - Comércio por Grosso de Cortiça em Bruto
45 ☐ 51563 - Comércio por Grosso de outros Bens Intermédios (não Agrícolas) n.e.
46 ☐ 51571 - Comércio por Grosso de Sucatas e de Desperdícios Metálicos
47 ☐ 51572 - Comércio por Grosso de Desperdícios Têxteis, de Cartão e Papéis Velhos
48 ☐ 51573 - Comércio por Grosso de Desperdícios de Materiais, n.e.

49 ☐ 51610 - Comércio por Grosso de Máquinas - Ferramentas
50 ☐ 51620 - Comércio por Grosso de Máquinas para Construção
51 ☐ 51630 - Comércio por Grosso de Máquinas para a Indústria Têxtil, Máquinas de Costura e de Tricotar
52 ☐ 51640 - Comércio por Grosso de Máquinas e de Material de Escritório
53 ☐ 51650 - Comércio por Grosso de Outras Máquinas e Equipamentos para a Indústria, Comércio e Navegação
54 ☐ 51660 - Comércio por Grosso de Máquinas e outros Equipamentos Agrícolas

COMÉRCIO A RETALHO

55 ☐ 51700 - Comércio por Grosso, n.e.

56 ☐ 50100 - Comércio a Retalho de Veículos Automóveis
57 ☐ 50300 - Comércio a Retalho de Peças e Acessórios para Veículos Automóveis
58 ☐ 50401 - Comércio a Retalho de Motociclos, de suas Peças e Acessórios

59 ☐ 50500 - Comércio a Retalho de Combustíveis para Veículos a Motor

60 ☐ 52111 - Comércio a Retalho em Supermercados e Hipermercados
61 ☐ 52112 - Comércio a Retalho em outros Estabelecimentos não Especializados com Predominância de Produtos Alimentares, Bebidas ou Tabaco, n.e.
62 ☐ 52120 - Comércio a Retalho em outros Estabelecimentos não Especializados, sem Predominância de Produtos Alimentares, Bebidas ou Tabaco

63 ☐ 52110 - Comércio a Retalho de Frutas e de Produtos Hortícolas
64 ☐ 52120 - Comércio a Retalho de Carne e de Produtos à base de Carne
65 ☐ 52230 - Comércio a Retalho de Peixe, Crustáceos e Moluscos
66 ☐ 52240 - Comércio a Retalho de Pão, Proutos de Pastelaria e de Confeitria
67 ☐ 52250 - Comércio a Retalho de Bebidas
68 ☐ 52260 - Comércio a Retalho de Tabaco
69 ☐ 52271 - Comércio a Retalho de Leite e de Derivados
70 ☐ 52272 - Comércio a Retalho de Produtos Alimentares, em Estabelecimentos Especializados, n.e.

71 ☐ 52310 - Comércio a Retalho de Produtos Farmacêuticos (Farmácias)
72 ☐ 52320 - Comércio a Retalho de Artigos Médicos e Ortopédicos
73 ☐ 52330 - Comércio a Retalho de Produtos Cosméticos e de Higiene

74 ☐ 52410 - Comércio a Retalho de Têxteis
75 ☐ 52421 - Comércio a Retalho de Vestuário para Adultos
76 ☐ 52422 - Comércio a Retalho de Cestuário para Bebés e Crianças
77 ☐ 52431 - Comércio a Retalho de Calçado
78 ☐ 52432 - Comércio a Retalho de Marroquinaria e Artigos de Viagem
79 ☐ 52441 - Comércio a Retalho de Mobiliário e Artigos de Iluminação
80 ☐ 52442 - Comércio a Retalho de Louças, Cutelaria e de outros Artigos Similares para uso Doméstico
81 ☐ 52443 - Comércio a Retalho de Têxteis para o Lar
82 ☐ 52444 - Comércio a Retalho de Outros Artigos para o Lar, n.e.
83 ☐ 52451 - Comércio a Retalho de Electrodomésticos, Aparelhos de Rádio, Televisão e Vídeo
84 ☐ 52452 - Comércio a Retalho de Instrumentos Musicais, Discos, Cassetes e Produtos Similares
85 ☐ 52461 - Comércio a Retalho de Ferragens e de Vidro Plano
86 ☐ 52462 - Comércio a Retalho de Tintas, Vernizes e Produtos Similares
87 ☐ 52463 - Comércio a Retalho de Materiais de Bricolage, Equipamento Sanitário, Ladrilhos e Materiais Similares
88 ☐ 52471 - Comércio a Retalho de Livros
89 ☐ 52472 - Comércio a Retalho de Artigos de Papelaria, Jornais e Revistas
90 ☐ 52481 - Comércio a Retalho de Máquinas e de outro Material para Escritório
91 ☐ 52482 - Comércio a Retalho de Material Óptico, Fotográfico, Cinematográfico e de Instrumentos de Precisão
92 ☐ 52483 - Comércio a Retalho de Relógios e Artigos de Ourivesaria
93 ☐ 52484 - Comércio a Retalho de Brinquedos e Jogos
94 ☐ 52485 - Comércio a Retalho de Artigos de Desporto, de Campismo, Caça e lazer
95 ☐ 52486 - Comércio a Retalho de Flores, Plantas e Sementes para Jardim
96 ☐ 52487 - Comércio a Retalho de Combustíveis para uso Doméstico
97 ☐ 52488 - Comércio a Retalho de Outros Produtos Novos em Estabelecimentos Especializados, n.e.

98 ☐ 51500 - Comércio a Retakho de Artigos em Segunda Mão em Estabelecimentos

99 ☐ 52610 - Comércio a Retalho por Correspondência
100 ☐ 52650 - Venda ao Domicílio e Venda por Máquinas Automáticas

ANEXO 20

CENTRO REGIONAL DE SEGURANÇA SOCIAL DE LISBOA
REGIMES SEGURANÇA SOCIAL
Avenida Afonso Costa, 6 e 8
1999 LISBOA CODEX

BOLETIM DE IDENTIFICAÇÃO DE CONTRIBUINTE

(DATA DE ENTRADA)

CENTRO | NÚMERO CONTR. | ESTAB.

• NÚMERO FISCAL DE CONTRIBUINTE 0 0 0 0 0 0 0 0 0

IDENTIFICAÇÃO

• DESIGNAÇÃO DO CONTRIBUINTE:
NOME INDIVIDUAL OU SOCIEDADE: ESTELAR - COMERCIALIZAÇÃO DE PRODUTOS ALIMENTARES, LDA

• NOME COMERCIAL

• SEDE EM:
• RUA OU LUGAR: RUA DA QUINTA, 15
• TELEFONE
• LOCALIDADE: LISBOA • CÓD. POSTAL 0 0 0 0
• DISTRITO: LISBOA • CONCELHO: LISBOA
• FREGUESIA: S. JORGE • CÓDIGO MORADA

• ENDEREÇO PARA CORRESPONDÊNCIA
• RUA
OU LUGAR
• LOCALIDADE • CÓD. POSTAL

• ACTIVIDADE EXERCIDA: COMERCIALIZAÇÃO DE PRODUTOS ALIMENTARES • CÓDIGO

• FORMA JURÍDICA (INDIVIDUAL, QUOTAS, ANÓNIMA...): SOCIEDADE POR QUOTAS — OCUPANDO PESSOAL DESDE

OUTROS ESTABELECIMENTOS PARA ALÉM DA SEDE

• 1. ____
• LOCALIZADO EM ____ • FREG.ª ____ • CONC.º ____
• ACTIVIDADE EXERCIDA ____ • INÍCIO EM __/__/__
• OCUPANDO PESSOAL DESDE __/__/__ • NÚMERO DE TRABALHADORES AO SERVIÇO ____
• OBSERVAÇÕES ____
• 2. ____
• LOCALIZADO EM ____ • FREG.ª ____ • CONC.º ____
• ACTIVIDADE EXERCIDA ____ • INÍCIO EM __/__/__
• OCUPANDO PESSOAL DESDE __/__/__ • NÚMERO DE TRABALHADORES AO SERVIÇO ____
• OBSERVAÇÕES ____

A PREENCHER PELOS SERVIÇOS

FOLHAS • DATA DE INSCRIÇÃO FUNDAMENTO DA INSCRIÇÃO DATA DE ÂMBITO
• DATA DE SUSPENSÃO • SEM PESSOAL DESDE ATÉ • SITUAÇÃO CONTRIBUTIVA

NOTA ▶ NÃO PREENCHER AS LINHAS SOMBREADAS

VIDE VERSO ▶

C.R.S.S. Lxª — Mod. 02.613

IDENTIFICAÇÃO DOS PROPRIETÁRIOS
SÓCIOS DA EMPRESA OU CORPOS GERENTES DAS SOCIEDADES

• 1.
• CARGO DESEMPENHADO NA EMPRESA GERENTE
• NOME ANTÓNIO JOSÉ
• FILIAÇÃO MIGUEL PEDRO
• E DE ANA JOAQUINA
• BILHETE DE IDENTIDADE Nº 0000000000 DE 00 / 00 / 00 DO ARQUIVO DE 000000
• DATA DE NASCIMENTO 00 / 00 / 00 • ESTADO CIVIL CASADO • EM REGIME DE 000000
• CÔNJUGE CATARINA MALVA
• MORADA RUA DE S. FRANCISCO, 10-2º
• FREGUESIA SOCORRO • CONCELHO LISBOA • CÓD. POSTAL ____

• 2.
• CARGO DESEMPENHADO NA EMPRESA GERENTE
• NOME FRANCISCO JOÃO
• FILIAÇÃO ANTÓNIO JOÃO
• E DE JOAQUINA CARLOTA
• BILHETE DE IDENTIDADE Nº 0000000000 DE 00 / 00 / 00 DO ARQUIVO DE 000000
• DATA DE NASCIMENTO 00 / 00 / 00 • ESTADO CIVIL 000000 • EM REGIME DE 000000
• CÔNJUGE AMÉLIA DE JESUS
• MORADA RUA DA LUZ, 55-4º
• FREGUESIA 0000000 • CONCELHO 000000 • CÓD. POSTAL 0000

• 3.
• CARGO DESEMPENHADO NA EMPRESA ____
• NOME ____
• FILIAÇÃO ____
• E DE ____
• BILHETE DE IDENTIDADE Nº ____ DE ___/___/___ DO ARQUIVO DE ____
• DATA DE NASCIMENTO ___/___/___ • ESTADO CIVIL ____ • EM REGIME DE ____
• CÔNJUGE ____
• MORADA ____
• FREGUESIA ____ • CONCELHO ____ • CÓD. POSTAL ____

• 4.
• CARGO DESEMPENHADO NA EMPRESA ____
• NOME ____
• FILIAÇÃO ____
• E DE ____
• BILHETE DE IDENTIDADE Nº ____ DE ___/___/___ DO ARQUIVO DE ____
• DATA DE NASCIMENTO ___/___/___ • ESTADO CIVIL ____ • EM REGIME DE ____
• CÔNJUGE ____
• MORADA ____
• FREGUESIA ____ • CONCELHO ____ • CÓD. POSTAL ____

• AUTENTICAR COM ASSINATURA E CARIMBO

___/___/___ ____

ANEXO 21

Requisição de CERTIDÃO

Conservatória do Registo Comercial de Lisboa

Requisitante

Nome e estado Francisco João, casado

Residência Rua da Luz, 55-4º, Lisboa

B.I. nº 0000000, de 00 / 00 / 00, de 0000000 **Telef.** ______

Requisição

Nº ______ Preparo . . . . ______

Data ___ / ___ / ___ Rubrica do Funcionário ______

CERTIDÃO PRETENDIDA	MATRÍCULAS
☐ Teor da(s) matrícula(s)	Nº 00000
Teor da(s) matrícula(s) e de todas as inscrições em vigor	
	ESTELAR - COMERCIALIZAÇÃO
☐ Teor da(s) matrícula(s) e ______	DE PRODUTOS ALIMENTARES,
	LDA.
☐ Teor d ______	
______ arquivado sob o nº ______ em ___ / ___ / ___	
☐ ______	
Obs.: ______	

1 O requisitante deve preencher com uma cruz a quadrícula respeitante à certidão pretendida

O requisitante,

______

Mod. nº 231

ANEXOS

— SOCIEDADES ANÓNIMAS:

— 22 — Contrato de Sociedade/Documento Complementar
— 23 — Acta de eleição dos Órgãos Sociais
— 24 — Título de Acção Nominativa
— 25 — Título de Acção ao Portador
— 26 — Título Provisório
— 27 — Guia de Depósito
— 28 — Escritura de Constituição
— 29 — Comunicação à Comissão do Mercado de Valores Mobiliários
— 30 — Requisição de Registo-Conservatória do Registo Comercial
— 31 — Lista de Presenças
— 32 — Cadastro Industrial

ANEXO 22

DOCUMENTO COMPLEMENTAR ELABORADO NOS TERMOS DO NÚMERO DOIS DO ARTIGO SESSENTA E QUATRO, DO CÓDIGO DO NOTARIADO, REFERENTE À ESCRITURA LAVRADA NO .... CARTÓRIO NOTARIAL DE ....

EM DOZE DE JULHO DE MIL NOVECENTOS E NOVENTA E QUATRO, A FOLHAS .... DO LIVRO ....

(NOTA — *Este texto é introduzido, em princípio, pelo Cartório Notarial*)

CAPÍTULO I

Denominação, Sede, Duração e Objecto

Artigo Primeiro

A sociedade adopta a denominação de INTERMAR — SOCIEDADE DE CONSTRUÇÕES, S.A. ____

Artigo Segundo

A sociedade tem por objecto a actividade da construção civil. _______________

Artigo Terceiro

A sociedade poderá adquirir livremente participações sociais em outras sociedades de responsabilidade limitada, com objecto idêntico ou diferente, bem como em sociedades reguladas por legislação especial e em agrupamentos complementares de empresas.

Artigo Quarto

UM — A sociedade durará por tempo indeterminado e tem a sua sede em Lisboa, na Rua das Flores, freguesia de Sta. Benedita. _________________________

DOIS — Por simples deliberação do Conselho de Administração poderá a sociedade transferir a sua sede social para qualquer outro local dentro do mesmo concelho ou concelho limítrofe, bem como criar sucursais, filiais, agências, ou qualquer outra forma de representação permanente, em território nacional ou no estrangeiro.

CAPÍTULO II

Capital, Acções e Obrigações

Artigo Quinto

O capital social é de cinquenta mil euros, representado por dez mil acções, com o valor nominal de cinco euros cada, e está integralmente subscrito e realizado. ______

Artigo Sexto

As acções são nominativas ou ao portador e serão representadas por títulos de uma, cinco, dez, cinquenta, cem, quinhentas e mil acções.

DOIS — As acções podem revestir a forma escritural. ______

TRÊS — Os títulos serão subscritos por dois administradores podendo as respectivas assinaturas ser de chancela, autenticada com o selo branco da sociedade. ______

Artigo Sétimo

UM — A sociedade poderá, nos termos da lei, adquirir e alienar acções próprias, bem como realizar sobre elas quaisquer operações em direito permitidas. ______

DOIS — Igualmente nos termos da lei, poderá a sociedade emitir e adquirir obrigações próprias, bem como realizar sobre elas quaisquer operações em direito permitidas.

TRÊS — Os accionistas têm o direito de preferência nos aumentos de capital, na proporção das acções que possuírem, sem prejuízo dos montantes reservados a subscrição pública pela Assembleia Geral. ______

CAPÍTULO III

Órgãos Sociais

Artigo Oitavo

A sociedade tem por órgãos a assembleia geral, o conselho de administração e o conselho fiscal. ______

CAPÍTULO IV

Assembleia Geral

Artigo Nono

UM — A Assembleia Geral é constituída por todos os accionistas que detenham pelo menos cem acções registadas em seu nome. ______

DOIS — A cada cem acções corresponde um voto. ______

TRES — Os accionistas poderão fazer-se representar na Assembleia Geral pelo respectivo cônjuge, qualquer descendente ou ascendente, qualquer membro da administração ou accionista, mediante carta ao Presidente da Mesa. ______

QUATRO — Os incapazes e as pessoas colectivas serão representadas pela pessoa a quem legal ou voluntariamente couber a respectiva representação. ______

Artigo Décimo

UM — A mesa da Assembleia Geral é composta por um Presidente e um ou dois Secretários, eleitos pela Assembleia Geral pelo período de três anos, os quais podem ser accionistas ou não e podem ser reeleitos. ____

DOIS — Não obstante eleitos por prazo certo, os membros da mesa da Assembleia Geral mantêm-se em funções até à sua substituição ou até ao limite de cento e oitenta dias após o termo do prazo, conforme o que primeiro ocorrer. ____

Artigo Décimo Primeiro

As assembleias gerais serão convocadas com a antecedência mínima de trinta dias.

Artigo Décimo Segundo

Em primeira convocatória, a Assembleia Geral só poderá reunir e deliberar estando presentes accionistas titulares da maioria absoluta do capital social. ____

CAPÍTULO V
Conselho de Administração

Artigo Décimo Terceiro

UM — A administração da sociedade incumbe a um Conselho de Administração, composto por três ou cinco membros eleitos pela Assembleia Geral. ____

DOIS — Os administradores podem ou não ser accionistas e serão eleitos pelo período de três anos, podendo ser reeleitos. ____

TRÊS — Ao Presidente do Conselho de Administração, eleito pela Assembleia Geral ou designado pelo Conselho, cabe voto de qualidade em caso de empate nas deliberações. ____

QUATRO — A responsabilidade de cada um dos administradores será ou não caucionada conforme for deliberado em Assembleia Geral. ____

CINCO — A Assembleia Geral poderá designar um administrador delegado, definindo os limites da delegação e sem prejuízo de igual faculdade caber ao próprio Conselho de Administração, nos termos da lei. ____

SEIS — O Conselho de Administração poderá nomear procuradores para a sociedade nos termos gerais de direito. ____

Artigo Décimo Quarto

As remunerações dos membros do Conselho de Administração e do Conselho Fiscal serão Sxadas por uma Comissão de Remunerações, constituída por três membros eleitos em Assembleia Geral por um período de três anos.

Artigo Décimo Quinto

UM — Ao Conselho de Administração compete representar e gerir a sociedade nos mais amplos termos em direito permitidos. ____

DOIS — É, porém, vedado aos membros da administração vincular a sociedade em actos estranhos ao interesse da mesma. ____

Artigo Décimo Sexto

UM — A sociedade obriga-se: ______

a) Com a assinatura de dois administradores; ______
b) Com a assinatura do administrador delegado; ______
c) Com a assinatura de um administrador e de um procurador; ______
d) Com a assinatura de um administrador ou procurador com poderes especiais delegados para o acto. ______

DOIS — Em actos de mero expediente basta a assinatura de qualquer administrador ou procurador e, quanto a este, nos limites da procuração. ______

CAPÍTULO VI
Conselho Fiscal

Artigo Décimo Sétimo

UM — A fiscalização da sociedade compete a um fiscal único, que deve ser revisor oficial de contas ou sociedade de revisores oficiais de contas, ou a um conselho fiscal composto por três membros efectivos e um suplente. ______
DOIS — O fiscal único terá sempre um suplente, que será igualmente revisor oficial de contas ou sociedade de revisores oficiais de contas. ______

CAPÍTULO VII
Disposições Diversas

Artigo Décimo Oitavo

UM — Os lucros sociais, distraída a parte destinada a constituir as reservas obrigatórias, terão o destino que lhes for dado por deliberação da Assembleia Geral, sem qualquer limitação que não seja a decorrente de disposição legal imperativa. ______

Artigo Décimo Nono

Em caso de liquidação da sociedade, e salvo deliberação em contrário, os administradores em exercício, contra os quais não esteja em curso ou tenha sido deliberada a instauração de acção de responsabilidade, passarão a exercer as funções de liquidatários.

NOTA: ***No caso de se optar pela designação, no contrato, dos órgãos sociais, deverá acrescentar-se mais o seguinte:***

DISPOSIÇÕES TRANSITÓRIAS

Artigo Vigésimo

Ficam desde já designados, com dispensa de caução, para o triénio de mil novecentos e noventa e quatro, mil novecentos e noventa e seis, os seguintes orgãos sociais:

MESA DA ASSEMBLEIA GERAL:

Presidente — António Costa, casado, residente na Rua D, 27, em Lisboa. ______
Secretário — Luís Silva, solteiro, maior, residente na Rua R, 14, em Lisboa. ____

CONSELHO DE ADMINISTRAÇÃO:

Presidente — João Pereira, casado, residente na Rua A, 10, em Lisboa.
Vogal — Mário Fonseca, casado, residente na Rua B, 55, em Lisboa.
Vogal — Maximiana Correia, solteira, maior, residente na Rua C, 15, em Lisboa.

CONSELHO FISCAL:

Presidente — Manuel Santos, solteiro, maior, residente na Rua C, 17, em Lisboa.
Vogal — Lucrécia Sancho, casada, residente na Rua B, 31, em Lisboa. _________
ROC Efectivo — Amparo & Santiago, SROC, representada por Miguel Amparo, Rua G, 15, em Lisboa. ____
ROC Suplente — Carlos Santiago, casado, residente na Rua H, 21, em Lisboa. __

NOTA: ***No caso de pretender-se designar o secretário da sociedade, nos termos do artigo 446º-A e seguintes do CSC, não se procede à designação do secretário da mesa da assembleia geral, acrescentando-se, o seguinte:***
— SECRETÁRIO
— Efectivo — Luís Silva, solteiro, maior, residente na Rua R, 14, em Lisboa.
— Suplente — Carlos Soares, casado, residente na Rua R, 14, em Lisboa.

ANEXO 23

ACTA

Aos doze dias do mês de Julho, de mil novecentos e noventa e quatro, na sede, à Rua das Flores, 20, em Lisboa, reuniu a assembleia geral da sociedade anónima denominada INTERMAR — SOCIEDADE DE CONSTRUÇÕES, S.A., com o número provisório de pessoa colectiva 000000000, com o capital social de 50.000 euros, constituída por escritura outorgada, nesta data, no 00. Cartório Notarial de Lisboa.

Encontravam-se presentes todos os accionistas, conforme lista de presenças elaborada nos termos do art. 382.º do Código das Sociedades Comerciais, os quais manifestaram a sua vontade no sentido de que a assembleia se reunisse e deliberasse, de acordo com o art. 54.º do mesmo Código, tendo como ponto único da ordem de trabalhos a eleição dos órgãos sociais para o triénio de 1994/1996.

Presidiu à reunião o accionista João Pereira (Art. 374.º, 4, CSC).

Entrando-se no ponto único da ordem de trabalhos, a assembleia deliberou, por unanimidade, eleger os seguintes órgãos sociais para o triénio de 2001/2003:

— MESA DA ASSEMBLEIA GERAL:

— Presidente .... António Costa
— Secretário .... Luís Silva

— CONSELHO DE ADMINISTRAÇÃO:

— Presidente .... João Pereira
— Vogal .... Mário Fonseca
— Vogal .... Maximiana Correia

— CONSELHO FISCAL:

— Presidente .... Manuel Santos
— Vogal .... Lucrécia Sancho
— ROC Efectivo Amparo & Santiago, SROC, representada por Miguel Amparo
— ROC Suplente .... Carlos Santiago

Nada mais havendo a tratar, foi encerrada a reunião, dela se lavrando a presente acta que foi aprovada e assinada.

ANEXO 24

INTERMAR

INTERMAR-SOCIEDADE DE CONSTRUÇÕES, SA.

SOCIEDADE ANÓNIMA
SEDE: RUA DAS FLORES, 20 - LISBOA
PESSOA COLECTIVA Nº 000 000 000
MATRICULADA NA **CONSERVATÓRIA DO REGISTO COMERCIAL DE LISBOA** SOB O N.º 0000
CAPITAL SOCIAL: 50.000 euros

Constituída por escritura de 12 de Julho de 1994, lavrada no 00º Cartório Notarial de Lisboa, publicada no Diário da República, III Série, n.º 000, de ___/___/___.

CAPITAL SOCIAL - 50.000 euros

DIVIDIDO EM 10.000 ACÇÕES DE 5 euros CADA

TÍTULO DE 100 ACÇÕES N.º 00121 a 00220

PERTENCE A

____

____

LISBOA, 20 DE DEZEMBRO DE 1994

OS ADMINISTRADORES

ANEXO 25

INTERMAR

INTERMAR-SOCIEDADE DE CONSTRUÇÕES, SA.

SOCIEDADE ANÓNIMA
SEDE: RUA DAS FLORES, 20 - LISBOA
PESSOA COLECTIVA Nº 000 000 000
MATRICULADA NA **CONSERVATÓRIA DO REGISTO COMERCIAL DE LISBOA** SOB O N.º 0000
CAPITAL SOCIAL: 50.000 euros

Constituída por escritura de 12 de Julho de 1994, lavrada no 00º Cartório Notarial de Lisboa, publicada no Diário da República, III Série, n.º 000, de ___/___/___.

CAPITAL SOCIAL - 50.000 euros

DIVIDIDO EM 10.000 ACÇÕES DE 5 euros CADA

TÍTULO DE 100 ACÇÕES N.º 0021 a 0030

LISBOA, 20 DE DEZEMBRO DE 1994

OS ADMINISTRADORES

ANEXO 26

INTERMAR

TíTULO PROVISÓRIO

INTERMAR-SOCIEDADE DE CONSTRUÇÕES, SA.

SEDE: RUA DAS FLORES, 20 - LISBOA
PESSOA COLECTIVA Nº 000 000 000
MATRICULADA NA **CONSERVATÓRIA DO REGISTO COMERCIAL DE LISBOA** SOB O N.º 0000
CAPITAL SOCIAL: 50.000 euros

Constituída por escritura de 94-07-12, lavrada a folhas, do livro nº 000/A do __ Cartório Notarial de Lisboa, publicada no D. R., III Série, n.º 000, de ___/___/___.

CAPITAL SOCIAL - 50.000 euros

DIVIDIDO EM 10.000 ACÇÕES DE 5 euros CADA

TÍTULO DE 00100 ACÇÃO N.º 0001

PERTENCE A: ____

____

Lisboa, 27 de Julho de 1994

A ADMINISTRAÇÃO

ANEXO 27

GUIA DE DEPÓSITO

Vai João Pereira, casado, residente na Rua das Flores, 20, em Lisboa, depositar no Banco Nacional, dependência de S. António, a quantia de 50.000 (cinquenta mil) euros em nome da sociedade comercial anónima, a constituir com a denominação de INTERMAR — SOCIEDADE DE CONSTRUÇÕES, S.A., com sede na Rua das Flores, 20, em Lisboa, correspondente à soma das entradas em dinheiro da totalidade do capital, subscrito e realizado como se indica:

— João Pereira .... 20.000 euros

— Mário Fonseca .... 10.000 euros

— Maximiana Correia .... 10.000 euros

— António Costa .... 5000 euros

— Manuel Santos .... 5000 euros

Este depósito é constituído nos termos do art. 202.º, n.º 3, do Código das Sociedades Comerciais — Dec.-Lei n.º 262/86, de 2 de Setembro, com a redacção que lhe foi dada pelo Dec.-Lei n.º 280/87, de 8/7, e fica à ordem da referida sociedade.

Lisboa, 11 de Julho de 1994

ANEXO 28

CONSTITUIÇÃO DE SOCIEDADE

No dia doze de Julho de mil novecentos e noventa e quatro, no

CARTÓRIO NOTARIAL DE LISBOA,

perante mim, Licenciado em Direito, ____________________
o respectivo Notário, compareceram como outorgantes:

PRIMEIRO

João Pereira, casado com Luisa Pereira, no regime da comunhão geral de bens, natural da freguesia da Sé, de Lisboa, onde tem domicílio na Rua A, 10, contribuinte fiscal n.º 000 000 000 — como declarou. ____________________

SEGUNDO

Mário Fonseca, casado com Joana Fonseca, no regime da comuhão geral de bens, natural da freguesia de S. António, concelho de S. Francisco, residente em Lisboa, na Rua B, 55, contribuinte fiscal n.º 000 000 000 — como declarou. ____________

TERCEIRO

Maximiana Correia, solteira, maior, natural da freguesia de S. Jorge, de Lisboa, onde tem domicílio na Rua C, 15, contribuinte fiscal n.º 000 000 000 — como declarou.

QUATRO

António Costa, casado com Telma Costa, no regime da comunhão de adquiritos, natural da freguesia de S. Bento da Porta Aberta, concelho das Flores, residente em Lisboa, na Rua D, 27, contribuinte fiscal n.º 000 000 000 — como declarou. ________

Manuel Santos, solteiro, maior, natural da freguesia de S. Jorge, de Lisboa, onde tem domicílio na Rua C, 17, contribuinte fiscal n.º 000 000 000 — como declarou.

E DISSSERAM:

Que constituem uma sociedade anónima, denominada "INTERMAR — SOCIEDADE DE CONSTRUÇÕES, SA.," com sede na Rua das Flores, 20, em Lisboa, freguesia de Santa Benedita, com o capital social de cinquenta mil euros, representando por dez mil acções, do valor nominal de cinco euros cada uma, tendo como objecto a actividade da construção civil. ___

e reger-se-á pelos artigos constantes do documento complementar, elaborado, nos termos do número 2, do artigo 64.º, do Cartório do Notariado, que fica a fazer parte integrante desta escritura e que os outorgantes declaram ter lido, tendo perfeito conhecimento do seu conteúdo, pelo que é dispensada a sua leitura. ___

Que para fazer face às despesas com a aquisição do mobiliário e equipamento necessários à instalação dos serviços da sociedade, nos termos do disposto na alínea *b*) do artigo 277.º do Código das Sociedades Comerciais, fica desde já autorizado o Conselho de Administração, que vier a ser eleito, ao levantamento da importância, depositada em conta aberta em nome da sociedade, no Banco Nacional.

ASSIM O DISSERAM E OUTORGARAM

ARQUIVO: o documento complementar a que atrás se fez alusão.

EXIBIRAM: o certificado de admissibilidade da denominação adoptada, que tem o número 00000, no Registo Nacional de Pessoas Colectivas, válido por cento e oitenta dias, a contar de 1 de Julho de 1994; o duplicado da guia de depósito do capital social, efectuado, em 8 de Julho corrente, no Banco Nacional.

Dou fé da identidade dos outorgantes, os primeiros, segundo e terceiro por serem pessoalmente meus cohecidos e os quarto e quinto através da exibição dos seus bilhetes de identidade, respectivamente, n.os 0000000 e 0000000, emitidos em Lisboa em 00 de Fevereiro de mil novecentos e oitenta e oito e 00 de Abril de mil novecentos e noventa.

Adverti os outorgantes da obrigação que têm de proceder ao registo destes actos, na competente Conservatória, no prazo legal.

Esta escritura foi lida, em voz alta, aos outorgantes, e feita a explicação do seu conteúdo, na sua presença simultânea.

ANEXO 29

COMUNICAÇÃO SUBSEQUENTE

1 - IDENTIFICAÇÃO DO EMITENTE

1.1 - DENOMINAÇÃO SOCIAL

INTERMAR - SOCIEDADE DE CONSTRUÇÕES, SA

1.2 - SEDE SOCIAL

RUA DAS FLORES

1.3 - NIPC

000 000 000

1.4 - REGISTO NA CONSERVATÓRIA

0000 de LISBOA

1.5 - SOCIEDADE ABERTA **(Art. 13º do Código dos Valores Mobiliários)**

1.5.1 - Sim [ ]   1.5.2. - Não [X]

1.6 - CAE

1.7 - CAPITAL SOCIAL

50 000 EUROS

1.8 - TELEFONE

1.9 - FAX

1.10 - E-mail

1.11 - Sitio na INTERNET

1.12 - CONTACTOS

1.12.1 - Nome

1.12.2 - Telefone

1.12.3 - Fax

2 - CARACTERÍSTICAS DO VALOR MOBILIÁRIO

2.1 - IDENTIFICAÇÃO DO VALOR MOBILIÁRIO

2.1.1 - TIPO DE VALOR MOBILIÁRIO
ACÇÕES

2.1.2. - VALOR NOMINAL (Unitário ou percentual)
5 EUROS

2.1.3. - FORMA DE REPRESENTAÇÃO
TÍTULOS

2.1.4 - NOMINATIVO/AO PORTADOR
NOMINATIVAS

2.1.5 - PREÇO DE SUBSCRIÇÃO
5

Moeda
EUROS

2.1.6 - REALIZAÇÃO DO PREÇO DE SUBSCRIÇÃO

2.1.6.1 - Imediata X
2.1.6.2 - Diferida
2.1.6.2.1. - Momento da Realização

2.1.6.3. - Em numerário
2.1.6.4. - Em espécie
2.1.6.5. - Mista

2.1.7. - PRAZO

2.1.7.1. - Prazo do Empresário (para valores mobiliários representativos de dívida):

2.1.7.2. - Prazo de Executivo (no caso de obrigações convertíveis, warrants ou similares):

2.1.7.3. - Outros;

2.1.8. - REEMBOLSO DO CAPITAL

2.1.8.1. - Data:
2.1.8.2. - Montante ou Forma de o Determinar:

2.1.9 - OUTRAS CARACTERÍSTICAS

2.1.9.1. - Opções de Reembolso Antecipado:

2.1.9.2. - Outras Condições de Reembolso Antecipado:

2.1.10 - PAGAMENTO DE JUROS OU OUTROS RENDIMENTOS PERIÓDICOS

2.1.10.1. - Datas de Pagamento:

2.1.10.2 - Montante ou Forma de o Determinar:

2.1.10.3 - Base de Cálcio:

2.1.11 - DIREITOS CONFERIDOS PELOS VALORES MOBILIÁRIOS (a que se refere o n.º 2 do art. 1.º do Código dos V.M.)

2.1.12 - LEI APLICÁVEL AOS VALORES MOBILIÁRIOS (Se contratualmente fixada)

3 - CARACTERÍSTICAS DA OFERTA / EMISSÃO

3.1 - QUANTIDADE DE VALORES MOBILIÁRIOS EMITIDA

10.000

3.2 - DATA DA OFERTA / EMISSÃO

2001.07.12

3.3 - TIPO DE EMISSÃO

3.3.1 - Única [X] 3.3.2 - Por séries [ ] 3.3.3 - Contínua [ ]

3.3.4 - Novas entradas [ ] 3.3.5 - Incorporação de reservas [ ] 3.3.6 - Fusão ou cisão [ ]

3.4 - ADMISSÃO À NEGOCIAÇÃO EM MERCADO REGULAMENTADO DOS VALORES MOBILIÁRIOS

3.4.1 - Não [X] 3.4.2 - Sim [ ] 3.4.2.1 - Mercado [ ]

3.5 - OUTROS TERMOS RELEVANTES DA OFERTA

[ ]

3.6 - INTERMEDIÁRIO FINANCEIRO

3.6.1 - INTERVENÇÃO

3.6.1.1 - Sim [ ] 3.6.1.2 - Não [X]

3.6.2 - IDENTIFICAÇÃO DO INTERMEDIÁRIO

[ ]

3.6.3 - PESSOA A CONTACTAR

3.6.3.1 - Nome [ ]

3.6.3.2 - Telefone [ ] 3.6.3.3 - Fax [ ]

Assinatura do representante

ANEXO 30

Requisição de REGISTO

Conservatória do Registo Comercial de LISBOA

Apresentante

Nome e estado MÁRIO FONSECA, CASADO

Residência: Rua B, 55 - Lisboa

B.I. nº 000000, de 00 / 00 / 00, de 0000 Telef.

Apresentações | Preparo | Rubrica do funcionário

N.os | Inicial .... $

Data __/__/__ Complementar __/__/__ $

Total .... $

1 - (a) Coluna reservada aos serviços.
(b) Indicação do nº de ordem dos actos pedidos.

2 - Os documentos devem ser relacionados a seguir a cada acto, por alíneas.

Certidões ou fotocópias de processos:

nº e ano do processo e tribunal.

instrumentos notariais: natureza, data, livro, folhas e cartório.

Certidões de registo civil: espécie, nº e ano do assento e conservatória.

Outras certidões: espécie, data e repartição emitente.

3 - Entidades matriculadas: indicar o nº da matrícula.

Entidades não matriculadas: indicar o nome, firma ou denominação.

4 - Os pedidos são separados por um traço horizontal e a requisição é assinada no final.

(a)	(b)	ACTOS DE REGISTO/DOCUMENTOS	MATRÍCULAS
	1º	CONSTITUIÇÃO	
		DOCUMENTOS:	INTERMAR - SOCIEDADE DE
		a) Certidão da escritura outorgada em	CONSTRUÇÕES, SA.
		94.07.12, no -- Cartório Notarial de ---,	
		a fls. 00, do Livro B-00;	
		b) Certificado de Admissibilidade, emitido	
		pelo RNPC, em --/--/--;	
		NOTA: — SE OS ÓRGÃOS SOCIAIS TIVEREM SIDO ELEITOS EM	
		ASSEMBLEIA GERAL, TERÁ QUE ACRESCENTAR-SE O SEGUINTE	
	2º	ELEIÇÃO DOS ORGÃOS SOCIAIS:	
		— Conselho de Administração:	
		Presidente - João Pereira, casado, residente	
		na Rua A, 10, em Lisboa;	
		Vogais - Mário Fonseca, casado, residente na	
		Rua B, 55, em Lisboa;	
		- Maximiana Correia, solteira, maior,	
		residente na Rua C, 15, em Lisboa;	
		— Conselho Fiscal:	
		Presidente - Manuel Santos, solteiro, maior,	
		residente na Rua C, 17, em	
		Lisboa;	
		Vogal - Lucrécia Sancho, casada, residente	
		na Rua B, 31, em Lisboa;	
		ROC Efectivo - Amparo & Santiago, SROC, representada	
		por Miguel Amparo,	

REQ. ________

REG. ________

1999 - Tip Nabão, Lda. - Tomar — 232

DECLARAÇÕES COMPLEMENTARES / ASSINATURA

Notificação efectuada em ___ / ___ / ___

Desistência do pedido em ___ / ___ / ___ quanto às apresentações ____________________

Devolução dos documentos em ___ / ___ / ___ Rubrica do apresentante ____________________

Reclamação hierárquica (conta) em ___ / ___ / ___ Resultado ______________________________

Recurso em ___ / ___ / ___

Execução para pagamento de conta:

Enviada a conta à DGRN em ___ / ___ / ___

Enviada a conta a Tribunal em ___ / ___ / ___ Pago em ___ / ___ / ___

Trânsito em julgado em ___ / ___ / ___ Reg. nº ______________

Requisição de REGISTO

1 - (a) Coluna reservada aos serviços.
(b) Indicação do nº de ordem dos actos pedidos.

2 - Os documentos devem ser relacionados a seguir a cada acto, por alíneas.

Certidões ou fotocópias de processos:

nº e ano do processo e tribunal.

instrumentos notariais: natureza, data, livro, folhas e cartório.

Certidões de registo civil: espécie, nº e ano do assento e conservatória.

Outras certidões: espécie, data e repartição emitente.

3 - Entidades matriculadas: indicar o nº da matrícula.

Entidades não matriculadas: indicar o nome, firma ou denominação.

4 - Os pedidos são separados por um traço horizontal e a requisição é assinada no final.

REQ. ____________

REG. ____________

Conservatória do Registo Comercial de LISBOA

Apresentante

Nome e estado ____________

Residência: ____________

B.I. nº ________, de ___/___/___, de ____________ Telef. ________

Apresentações	Preparo		Rubrica do funcionário
N.ºs	Inicial	$	
Data ___/___/___	Complementar ___/___/___	$	
	Total	$	

(a)	(b)	ACTOS DE REGISTO/DOCUMENTOS	MATRÍCULAS
		casado, Rua G, 15, em Lisboa;	
		ROC Suplente - Carlos Santiago, casado, residente	
		na Rua H, 21, em Lisboa.	
		— SECRETÁRIO	
		- Efectivo - Luís Silva, solteiro, maior, residente na Rua R, 14, em	
		Lisboa.	
		- Suplente - Carlos Soares, casado, residente na Rua Y, em Lisboa.	
		DOCUMENTOS:	
		a) Certidão da acta da assembleia de	
		94/07/12, emitida pelo -- Cartório Notarial	
		de Lisboa, em --/--/--.	

1999 - Tip Nabão, Lda. - Tomar — 232

ANEXO 31

LISTA DE PRESENÇAS DA ASSEMBLEIA GERAL DA INTERMAR — SOCIEDADE DE CONSTRUÇÕES, SA., REALIZADA EM 12 DE JULHO DE 1994

(Art. 382.º do Código das Sociedades Comerciais)

ACCIONISTA E DOMICÍLIO	REPRESENTANTE	N.º DE ACÇÕES	CATEGORIA NOMINAL	VALOR	RUBRICA
João Pereira Rua A Lisboa	---	4.000	–	20.000 euros	
Mário Fonseca Rua B Lisboa	---	2.000	---	10.000 euros	
Maximiana Correia Rua C - Lisboa	---	2.000	---	10.000 euros	
António Costa Rua D Lisboa	---	1.000	---	5.000 euros	
Manuel Santos Rua E Lisboa	---	1.000	---	2.000 euros	
		10.000		50.000 euros	

O Presidente da Mesa

ANEXO 32

MINISTÉRIO DA INDÚSTRIA E COMÉRCIO
Direcção-Geral da Indústria
Delegação Regional de LISBOA

FICHA DE ESTABELECIMENTO INDUSTRIAL

01 - Serviço 02 - Número de entrada 03 - Natureza do preenchimento

04 - Data

1000 — IDENTIFICAÇÃO DA EMPRESA TITULAR DO ESTABELECIMENTO

1001 — Firma ou den. social INTERMAR - SOCIEDADE DE CONSTRUÇÕES, S.A

1002 — Número de identificação de pessoa colectiva 000000000

1003 — Actividade económica principal CONSTRUÇÃO CIVIL CAE 000000

1004 — Endereço da sede RUA DAS FLORES

Código postal 0000 LISBOA

Distrito LISBOA Concelho LISBOA 1005

1006 — Número de telefone 00000000

1007 — Número de *telex* a) b) P

1008 — Número de estabelecimentos com actividade industrial 1

A PREENCHER EM DUPLICADO

2000 — ELEMENTOS RELATIVOS AO ESTABELECIMENTO

2100 — IDENTIFICAÇÃO DO ESTABELECIMENTO

2101 — Código

2102 — Actividade principal CAE

2103 — Denominação (só no caso de o estabelecimento ter denominação própria)

2104 — Endereço

Código postal

Distrito Concelho Freguesia 2105

2106 — Número de telefone

2107 — Número de *telex* a) b) P

19 19 19

2108 — Número total de trabalhadores

MOD. 106-DGI
Modelo nº 387 (Exclusivo da Imprensa Nacional-Casa da Moeda, E.P.)

2200 — ELEMENTOS RELATIVOS ÀS ACTIVIDADES INDUSTRIAIS

2210 — ACTIVIDADE INDUSTRIAL PRINCIPAL

2211 — Actividade industrial CONSTRUÇÃO CIVIL — CAE 0 0 0 0 0 0

2212 — Início de actividade (ano) 1 9 9 4

	19__	19__	19__
2213 — Valor de produção (contos)			
2214 — Pessoal operário			

2220 — ACTIVIDADE INDUSTRIAL SECUNDÁRIA

2221 — Actividade industrial ____ CAE ____

2222 — Início de actividade (ano) ____

	19__	19__	19__
2213 — Valor de produção (contos)			
2214 — Pessoal operário			

3000 — RESPONSÁVEL PELO PRENCHIMENTO

O Declarante

____

Nº BI ________ **Data** ___/___/___ **Arquivo** ________

4000 — RECEPÇÃO PELOS SERVIÇOS

Nº Proc. R. I. L. E. I. ________

ATENÇÃO: OS CAMPOS EM SOMBREADO SÃO DE PREENCHIMENTO RESERVADO AOS SERVIÇOS

ÍNDICE ALFABÉTICO

ÍNDICE DOS ANEXOS